U0055362

吳姐姐講聖經故事

③摩西與十誡

吳涵碧——著

【推薦序】

優質書籍老少咸宜

【名譯者】朱佩蘭

第一次踏入教室，距今已一甲子以上。那時我十來歲，就讀小學五年級，一位從外地轉校而來的小朋友邀我到他們的教會參加聖誕節慶祝會。我被當場的溫馨快樂氣氛所吸引，其後就不時與這位同學到教會去。在那裡斷斷續續地聽到一些有趣的聖誕故事，因此，才明白了聖誕節所慶祝的是耶穌基督降生為人的事蹟。

當時沒有童書可讀，到教會是最直接可以聽到故事的地方。我去的教會是講閩南語教會，讀的是羅馬字發音的《聖經》。後來才明白那是傳入台灣最初的長老教會。在那裡滿足了我少小年代愛聽聖經故事的願望。

事隔多年，我在台灣有機會與日本讀者同步逐日閱讀從航空寄來的日本報紙朝日新聞連載小說《冰點》，為之深深著迷。旅居日本的友人又在單行本發售首日搶購到《冰點》，航寄給我，讓我能一口氣重讀全書，自己沉迷在《冰點》故事中不能自拔。於是覺得如此感人肺腑的小說不讓台灣的讀者分享太可惜，因而不顧一切地埋首將全書譯成中文。

《冰點》作者三浦綾子是基督徒，故事從開頭就處處隱含著有關《聖經》的訊息。比方最淺顯的「敵人」課題。從人的觀點而言，日常生活中敵人是十分平常的對象，人人各有自己的敵人。但《聖經》的探討則深入人性層面，並且教導人們如何把視如眼中釘的敵人轉換成友人。為此，「愛你的敵人」，如何化敵為友，對人們的生活影響至深至遠，而幸福即在其中。

從在日本報紙閱讀《冰點》連載之際，我就斷續閱讀《聖經》。此時我已改用華語和合本《聖經》。只是字面涵義之外的哲理需頻頻向基督教友人，或牧師請教，直到自己能明白、能接受。基於此，後來才敢著手中譯，不願只照字面轉換文字。

《聖經》是全球最暢銷書之一，哲理豐富，對人生幫助極大。而透過一本優質小說，可以輕鬆進入《聖經》所蘊藏的奧秘，然後成為人生的智慧。

在《冰點》稍前那些年，好萊塢盛行拍攝《聖經》故事電影。比方《十誡》、《霸王妖姬》、《所羅門王寶藏》等，叫好又叫座。我是影迷，為深入欣賞這些影片，以便抒發觀後感想寫影評，即認真閱讀《聖經》中有關的部分。愈讀愈興趣濃厚，好像在探討對西洋歷史的感覺。那時候當然沒有吳姐姐的聖經故事可參考，只能從《聖經》中摸索，拼湊情節，自找答案。

例如摩西是「十誡」中的靈魂人物，他帶領以色列人民脫離暴軍的殘害，歷經曠野的芬芳，以渡過紅海赴新天地。然而，摩西不自驕自傲，到最後面對新境界之際，順服神的旨意而安息了。他的名永留歷史，是位自古至今常被提及紀念的偉人，更是永遠的領袖典範。摩西的風範是基於「愛」而來。他心中有神的愛，憂國愛民，神即賜他智慧，為鄉民奮鬥謀福。

凡此種種有趣的來龍去脈，如今在半世紀後的現在已有吳姐姐精心鑽研，然後緊抓重點，以老少咸宜的筆觸呈現成書，讀起來輕鬆有感，加強了欲探討《聖經》的吸引力。

吳姐姐的聖經故事讓我這八十歲耆老篇篇讀得津津有味，不時中途停頓思索，回顧追憶過往。相信若當年在十八年華時有此套書可讀，必被書中典故真理所激勵，更加勇往直前。而設若八歲少小幼年之際讀之，稚嫩可愛的幻夢必可如幼芽萌發茁壯吧。

換言之，不論任何年齡層，是否基督徒，皆可將吳姐姐所講的聖經故事視為西洋史、做為萬物根源的探討而閱讀。輕輕鬆鬆入門，開開心心探尋所羅門寶藏，豐富人生。

附筆：

《冰點》曾經造成全球大轟動，被此書感動而受洗成為基督徒者不知凡幾！我亦為其中受惠者。

謹向當年刊載《冰點》的平鑫濤先生致上敬謝。

朱佩蘭 叩

二〇一五·元·十一

【推薦序】

一位不朽的人物——摩西

【政治大學歷史系教授】王壽南

在《聖經》裡出現過的人物很多，其中較著名的如挪亞、亞伯拉罕、約瑟、摩西、大衛王、所羅門王、耶穌、使徒保羅等等，他們在人生舞台上都有非常精采的演出，這些傑出的人物除了耶穌之外，都有或多或少的缺失，如果上帝耶和華是人生舞台的評審者，可能沒有一個演員能夠獲得一百分。

人生活在世上無論數十年或者一百多年，幾乎不可能沒有缺失，所以要找一個沒有缺失的完人幾乎是不可能的事。

不過，沒有完美無缺的人並不代表人是沒有價值的，如果人都是沒有價值的，那麼人類文化和社會就不會有進步了，這也不是上帝造人最初的美意，上帝賜給人們智慧和能力是希望人類生活在一個幸福、美好的環境中，所以上帝給人創造力，在創造力推動之下，塑造出和諧、平安的社會。上帝是肯定人的價值的，只是每個人由於天分的不同、環境的差異，每個人表現出來的價值也就不同了。有的人是文學家，有些人是科學家，有些人對藝術有輝煌的表現，有些人成為政治領袖，他們在世人面前呈現了自己的價值，他們的表現，點點滴滴都會在人類歷史上留下紀錄。

那麼，人生最大的價值是甚麼？中國人認為人生最大的價值在「三不朽」，所謂「三不朽」是說有三個永遠不會腐朽的事，「三不朽」是立德、立功、立言。能夠創造「三不朽」是人生價值的最高境界，一個人能做到一不朽就已經很不容易了，能做到三不朽的真是極端困難的。在《聖經》人物中，摩西可說是達到三不朽境界的人物。

先說立德，摩西除了在做埃及王子時，為了救一個希伯來老人憤而殺了埃及監工之外，他在道德上是沒有瑕疵的。其實，摩西在立德方面最大的貢獻是他接受了上帝的呼喚，帶領以色列人來到上帝面前，讓以色列人成為上帝的選民。以色列人是上帝揀選的子民乃是上帝的計畫，但上帝的計畫需要人來執行，這個執行者就是摩西。摩西引領以色列人認識上帝，奠定以色列人敬拜和信服上帝的基礎，縱使以色列人有時也會做出一些悖逆的事，但那些做悖逆之事的以色列人心裡明白自己在做錯事，在整個以色列社會裡，對上帝的尊敬和信仰是一種普遍存在的信念，三千年來未曾改變。這種堅定而持久的信仰價值觀是摩西對猶太民族（以色列）極大貢獻，讓猶太民族心靈上有了歸宿，所以摩西的努力使一代一代的以色列人受到上帝的恩澤，這是摩西的立德，就像孔子深深影響了中國人的倫理道德觀念，摩西對世世代代的猶太人也同樣發生不可磨滅的影響。

其次是立功，摩西帶領二百多萬以色列人脫離埃及的統治，解除了奴隸的枷鎖，獲得自由，這真是功在民族，如果猶太人要獻給摩西一個匾額，這匾額上最適合寫的語辭便是「民族救星」了。摩西對猶太民族當然是立了大功。

最後是立言，《聖經》的前五卷：〈創世記〉、〈出埃及記〉、〈利未記〉、〈民數記〉、〈申命記〉是摩西寫的，合稱為「摩西五經」，摩西五經是猶太（以色列）人必讀必背的經典，可說是《聖經》的基礎，就像中國明清時代士人必讀四書五經一樣，傳了數千年，依舊人人誦讀，真是不朽的作品，指摩西有立言之功，是當之無愧的。

摩西具有三不朽的貢獻，是一位可敬可佩的人物，猶太人稱摩西為「神人」，表示衷心敬佩。

《吳姐姐講聖經故事》第三集講的故事是摩西率領希伯來（以色列）人離開埃

及，走過紅海，來到西奈山，接受上帝耶和華頒發的「十誡」石版，然後帶著二百多萬希伯來人在曠野生活了四十年的故事。貫穿全書的是上帝耶和華，但上帝只是編劇和導演，舞台上的演員以希伯來人為主，而主角就是摩西，所以本書無異是摩西的傳記，喜歡摩西的人應該細讀本書。

毫無疑問，摩西是偉人，本書作者並沒有用誇大的手法來凸顯這位偉人，而是用平實的筆墨來描繪出一個謙卑、善良、堅強、恆毅、果敢、正直又負責的勇者，讀完本書，你會感覺到摩西是那麼平易近人，絕非高高在上的政治領袖，摩西也是一個凡人，像你我一樣，但是他對上帝、對人、對事的態度和處理方式都是我們一般人做不到的。

本書在描述希伯來人在曠野四十年的點點滴滴，涵蓋在《聖經》之〈利未記〉、〈民數記〉、〈申命記〉中，這幾卷書一般人很少會去閱讀，因為涉及內容以十誡和律法為主，相當枯燥，而且和現代中國人的關聯很少。然而，十誡和律法是上帝所頒布的，是當時的人要時刻遵守的，是《聖經》的一大支柱，是極為重要的，本書作者用了相當多篇幅敘述十誡和律法，加以解釋，還舉許多事例，讓讀者對十誡和律法能有更深一層的認識，可以消除一些讀《聖經》時的障礙，這是本書的特色之一。

本書作者在寫作《吳姐姐講聖經故事》時秉持的態度比撰寫《吳姐姐講歷史故事》時更嚴謹，要求自己對《聖經》有透徹的瞭解，因為歷史故事講的是人的故事，聖經故事講的是神（上帝）的故事，豈可輕忽。所以作者筆下撰文都是抱著嚴肅、恭敬、求真的心情，然而由於是講故事，又必須兼顧到趣味性，不能呆板僵硬，要做到求實而不刻板，活潑而不失真，確是非常困難的事，這也許是作者寫了五十本《吳姐姐講歷史故事》的功力表現吧！

希望您讀了本書以後再去讀《聖經》，能更容易了解《聖經》。

【推薦序】

十字架滅了冤仇

【名作家】康芸薇

我大約五十年開始寫作，認識編輯有中央日報副刊孫如陵先生、中國時報副刊王鼎鈞先生，還有後來編聯合報副刊的瘂弦先生，他們的年紀都比我大一些。

我聽說編中華日報專刊的吳涵碧，是一個年輕的小姐而且很美麗，就希望有一天能見到她。我寫了一篇〈女泰山〉寄到華副，吳涵碧打電話來說很喜歡，希望我能常常給華副寄稿。

沒多久華副舉辦了一個茶會，邀請了許多給華副寄稿的作家，我也去了。那天見到文壇兩個美女，一個是以《心鎖》轟動一時的郭良蕙，一個就是華副主編吳涵碧。

我和郭良蕙是河南老鄉，她在未見我之前已經聽過我的名字，她同好幾個人笑盈盈走到我面前，問我她是誰？我睜大眼睛望著面前這個時髦、漂亮、和善的女士搖頭。跟在她身邊的人要我猜，我也猜不出來，有人提是問我誰是文壇最漂亮的女作家？我驚喜的說：

「我知道了！郭良惠。」

她說：「我和板中教你國文的王潔心老師是河大同學，我還認識你表舅瞿君石。」

我表舅瞿君石是詩人鍾雷先生，一個很優雅俊美的男士，我第一次看到郭良惠就喜歡她，覺得她有一種我們河南人的率真。

那天吳涵碧很忙，有許多人同她講話，她修長、美麗，而且很年輕。記不得這是那年的事，我相信那時候郭良惠、我、還有吳涵碧吳姐姐都還沒有信耶穌，我們眼睛看到的是人世的繁華，還未真切瞭解人生的喜怒哀樂。

我後來又見過郭良惠幾次，有次是瘂弦編聯合報副刊，請一些女作家參觀士林育幼院和關渡的養老院。去士林育幼院給我印象深刻，大家在禮堂看孩子們表演，四個座位一排。兩個女作家坐中間，兩個沒有表演的孩子各坐兩邊，院方希望女作家們給坐在身邊的孩子說說話，給他們一點母愛。

大家說院方的立意善美，我和郭良惠同坐，她身邊的孩子一樣能言善道，我身邊的孩子同我一樣木訥。我們沒有說話的時候，我就拉起她的小手摸摸它的手背，臉上微笑，心中唱著催眠曲。

「快快睡，我寶貝，阿娘正在這裡陪妳睡。」
我不知道我能否把我心中的愛傳遞給她。
郭良惠和她身邊的孩子說話聲音較大，我句句聽的清楚，她問那個孩子喜歡什麼玩具？那孩子說洋娃娃，郭良惠說：「行，我回去就給你寄來。」
那孩子聽了高興的對郭良惠說：「你可不可以寄兩個？」
郭良惠問為什麼？那孩子說：「我想送一個給我的好朋友。」
郭良惠慨然答說：「沒問題。」
兩個人又高高興興說了一會話，突然郭良惠提高聲音搖著頭說：「不行，不行。」
我好奇的問她：「什麼事不行呀？」
郭良惠指著她臉那個寬邊，時髦的太陽眼鏡說：「她要我把我的太陽眼鏡拿下來給她戴一戴，那怎麼行呀！」郭良惠大聲強調：「我不是怕她給我把眼鏡打破，我眼角好多魚尾紋。」
我笑著說：「我明白這種美女心理。」她也笑了。

我祖母是基督徒，民國十八年剛從大陸來台灣我們住在基隆路一段，那時基隆路還沒有舖柏油路，我們住的附近到處都是稻田和菜園，信義會就建在離我家不遠的菜園中。

信義會的美國牧師四十左右，長得像好萊塢電影明星，他由幾個教友陪同挨家挨戶傳福音，請大家去聚會。教會的風琴、詩歌很安慰人心，還有許多美國友人送給中國友人的禮物也讓人喜歡，我拿到一本紙質很好的記事本一頁都捨不得用。

我那時十三、四歲，不明白牧師說耶穌上十字架是為了流寶血洗淨世人的罪；對教會牆寫的：「神愛世人，信耶穌當悔改。」這兩句話很有感受。我心腸軟同情可憐不幸的人，也知道自己有缺點，要改過的地方很多；與罪應該還有一段距離。

十多歲女孩最受不了被朋友誤解、取笑、視為天大的屈侮。我在聖經上看到一句話：「不可含怒到日落。」

我感到神懂得我被誤解、取笑的屈侮，充滿慈憐對我說這句話，我開始在聖經中尋求更多神的話做為安慰和幫助。

隨著年歲增加神對我說的話語更加深刻，我和人發生衝突久久不能釋懷，我在聖經中看到：「舊事已過一切都是新的了！」

我臉上出現羞愧的笑意，神能穿透萬事，祂一直在憐憫、顧惜、教導我。我的心不覺歌唱：「我神、我愛，我的永份。你永是我一切，你外在天我有何人，在地有你無缺。」

即使我和神如此親密的連接，我仍不懂十字架和寶血的功效，直到我結婚生了小孩之後，和丈夫之間發生了不愉快，我認為無法原諒他的事。

神曾經對我說不可含怒到日落，舊事已過一切都是新了，都無法安慰我。我求神另賜我新的話語，然而，我日日求告，祂日日然然無語，我的人就日日清瘦了。

「主啊！」我流淚呼求：「你不顧我要到幾時呢？」

有天晚上我去一個姐妹家參加小組聚會，在聖經中讀到一句話：

「十字架滅了冤仇。」

我流淚不止心中忽然開朗，明白主若不上十字架罪不能洗，冤仇不能滅。那晚我點了一首詩歌請大家和我同唱：「詛咒你受，救恩我享。苦杯你飲，愛宴我嚐。恩愛高深，誰能測量。我的心哪，應當歌唱。」

這首簡短好聽的詩歌大家都喜歡，我們反覆的唱，直到聚會結束，又一路唱著回家。我已經忘了許久沒有同丈夫講話，他看見我回來說：「回來啦！」

我說：「回來啦。」

經過這次的是讓我領悟人要鑽進牛角尖，真的會出不來；神說：「你們要喜樂，我再說你們要靠我喜樂。」不靠著神，我們一生會活在自己的愛恨情仇之中，享受不到神的愛與恩典。

郭良惠的兒子是個有名的佈道家，到了晚年文壇這個最美麗的女作家，成為虔誠的基督徒。

吳涵碧與夫婿王壽南教授都是虔誠基督徒，把傳福音視為已任，講歷史故事廣受歡迎的吳姐姐，已在皇冠出版了吳姐姐講聖經故事，第一集《創世紀》、第二集《摩西出埃及》。

即將推出更為精彩的聖經故事，《摩西與十誡》，希望引起更多人讀《聖經》的興趣，得到神話語的光照和引領，一生活在平安喜樂中。

目錄

1. 勇對老虎

不知道你的生命之中，可曾出現老虎？這隻老虎可能是學業事業、財務經濟、疾病災禍，或者是任何感情的掙扎煎熬，讓一個人充滿恐懼，只想躲在自己的臂彎裡面嗚咽，偏偏沒有哭泣的空檔，因為又來了一隻新的大老虎。

李安導演的《少年Pi的奇幻漂流》最具體活化了人內在的害怕，少年Pi甫自船難中脫險，救生艇上卻來了不速之客——一頭四百五十磅重的孟加拉虎，他只好退到離開三十呎遠的木筏，腳下又發現一群鯊魚。

於是，他得靠著繩索，藉著救生艇，漂流在茫茫大海之中，必須餵飽老虎，時時提防老虎從救生艇飛撲而來，露出獠牙，彷彿陷在地獄的底端。卻也在四周全無生路之時，抬頭望天，發現天開了，彩虹出現，有了新希望。

李安有一個鏡頭拍得真美，少年Pi抱著老倦的老虎的大腦袋，他愛上這一位激起他求生意志，可敬可畏的猛獸。雖然老虎就是老虎，從來不會愛人。最後老虎頭也不回走向叢林，那樣毫不留戀，道別如此拙劣，叫他情何以堪？

神就是愛，李安曾說過，當電影拍不下去之時，他就禱告電影之神。奇怪，第二天，靈感來了。其實這個世界沒有什麼電影之神，只有一位主宰宇宙的真神，你叩門，祂開門。

這一部電影是根據楊•馬泰爾的原作改編，他主修哲學，又做過植樹工、警衛種種奇特行業，他鑽研各種宗教，包括回教、印度教。有一天，來到印度朋迪榭里鎮，聽到帕帖爾講的真實故事，以及日本官員提供的資料，他完成了這一部驚豔文壇的巨著。

書中細膩的描寫，讓讀者隨著主人翁一起驚險，當喪失希望，「這個時候，回歸上帝是非常自然的事」。所以除了獲救，他最希望有一本《聖經》可讀，那是一本可以再三讀，每次有新領悟與發現的書。

在原作的結尾，楊•馬泰爾寫得感人：「我掙扎著上岸，癱倒在沙灘上。我舉目四顧，現在真的成了無親無故的人了，失去了家人，失去理查•帕克（老虎名），也幾乎失去了上帝，不過我當然沒有失去上帝。這片沙灘，既柔軟又扎實又遼闊，恍若上帝的臉頰。」

是的，除非上帝，一個人與一隻老虎，如何能在太平洋度過二百七十天。是的，除非上帝，摩西焉能向大海伸杖。強烈的東風頓時吹了整夜，風捲雲動水起，甚且紅海左右分開，自動讓路，恭迎摩西帶著二百五十萬希伯來奴隸，腳踏乾地，安然走過紅海。在新約《聖經》之中，耶穌曾經在海面行走，但是，耶穌是道成肉身來到人間，摩西知道，自己不是神。

等到希伯來人，包括牲畜全部到達彼岸，摩西殿後，接著，摩西再一次揮杖，紅海又再度合了起來，大海滾滾，身披盔甲的埃及士兵永沉海底，戰馬哀嘶……法老徹底被打敗了。

摩西驚悸讚嘆地看著眼前的一切，神的巨臂輕鬆撥開海水，又使之復合，眾希伯來奴隸在歡呼，他卻想哭，啊！神為愛祂的人所預備的，是眼睛未曾看見，耳朵未曾聽見，人心也未曾想過的。誰能料到，上帝用這種奇特的方式拯救百姓？

摩西的這一生，的確是曲折離奇，他原是希伯來人，生在埃及。埃及法老下令殺光男嬰，他的母親製了一只蒲草箱，把他放在其中，擱於尼羅河畔。恰好，埃及公主正在河中沐浴，聽到小嬰兒的哭聲，發現了俊美可愛的貝比，心生憐憫，收養為子。

此時，摩西的小姐姐米利暗建議公主找一位奶媽。於是，摩西又回到親娘懷中，直到斷奶，進入埃及皇宮，學盡了埃及人一切學問本事。

長大之後的摩西，發現了自己的身世，也看到了希伯來奴隸的痛苦，他天天想幫助他們，卻是一籌莫展。在四十歲時，出於義憤，打死了一名虐奴的監工，逃到曠野，成為通緝的殺人犯。

曠野四十年，摩西娶了心愛的西坡拉，育有二子，世事一場大夢，人生幾度秋涼，老去光陰速可驚，原以為人生就在天蒼蒼野茫茫之中消失了。

誰又想到，上帝找上了他，要摩西帶著奴隸出埃及。摩西想救希伯來人的熱情未減，種子仍存，但是他怕啊，他有什麼能力？再說，堂堂埃及王子，自投羅網，回埃及去，該是殺人犯被逮捕，何等羞辱？

上帝逼迫摩西回到埃及，面對天字號的大老虎，埃及法老。如今，上帝用手一伸，紅海張口，一下子就吞噬了當時世界上最強大的軍隊，摩西也成為最最光榮的民族英雄，他完完全全不敢有一絲一毫的邀功，只有勤勤懇懇、不停不斷地感謝上帝。

在百感交集之下，摩西詩興大發，寫了一首詩頌主恩。

「主啊，祢是神……在祢看來，千年如已過的昨日，又如夜間的一更。」

摩西心忖，畢竟是八十開外的人了。我們以今天的角度衡量，如果當時有血壓機，摩西該也有點血壓偏高，也該有些膝蓋痠軟了。因此摩西繼續寫道：「我們一生的年日是七十歲，若是強壯可到八十歲，但其中所矜誇的，不過是勞苦愁煩，轉眼成空，我們便如飛而去。」

但是，摩西知道，自己的任務才正開始，每一步都要靠神的力量，所以他又寫著「求祢指教我們怎樣數算自己的日子，好教我們得著智慧的心……求祢使我們早早飽得祢的慈愛，好教我們一生歡呼喜樂。」

前途茫茫，滿山遍虎，願人人早早飽得神的慈愛。

2. 從背影看人生

辜振甫先生曾有名言：「好的京劇演員，下場的時候，背影都有戲。」人的背影，本來充滿活生生、不容易掩飾的身體語言。無怪乎散文大家朱自清一篇〈背影〉，讓人人想念自己父親的背影。

當摩西還在埃及皇宮當王子的四十年間，他經常跑去看奴隸做工，觀察他們的背影，他無法硬心只把這些當作一齣戲，終於，縱身一跳，不但成為其中一分子，還成為上帝揀選的第一男主角。

摩西還是喜歡觀看背影。

他看到一名希伯來壯漢，右手搭在妻子的肩上，時時撫玩妻子耳垂上的金耳環，夫妻們相視而嘻，不停哼唱著：「我要向耶和華歌唱，因祂大大戰勝，將馬和騎馬的投在海中。」

旁邊一個小女孩，顯然是這對夫妻的心肝寶貝，轉來轉去，舉起手腕，讓爸爸媽媽瞧瞧手腕上，對她而言，顯然是過大的鐲子，愛嬌地咯咯笑個不停。

壯漢的背，笑得前仰後合，是啊，能讓妻子兒女開懷，這是男人最大的快樂，摩西也是身為人夫，身為人父，他太懂了。因為他自己也才剛剛體驗，男人在妻子兒女面前的榮耀。

摩西眼前，又浮現希伯來奴隸製磚之艱苦，有時候，拍得好的電影，能夠讓我們回到歷史現場，例如經典電影《悲慘世界》活畫出奴隸戴著粗重手銬腳鐐，在泥濘中吃力的苦役，人類竟然這樣對待同胞。

《悲慘世界》是法國作家雨果的作品，與他另一本《鐘樓怪人》齊名，他在序中一段話，鏗鏗鏘鏘流傳至今：「只要因為法律與習俗造成的社會壓迫還存在一天，在文明鼎盛時期，把人間變為地獄，使人與生俱來的幸福陷入不可避免的災禍……那麼，這樣的作品不該是無用的。」

悲慘世界必須被改變，上帝會挑選適合的人改造世界。在這部作品之中，男主角尚萬強因為外甥快要餓死，不得已偷了一條麵包，被判刑五年，因為多次越獄，折騰十九年才假釋。由於前科，工作投宿皆被歧視，內心充滿仇恨，彷彿壓力鍋，淪為睡在牆角的遊民。

一天晚上，主教發現了尚萬強，招待他一頓豐盛的豪華大餐。當天夜裡，尚萬強潛入，偷走了所有的銀製餐具，第二天清晨，警方人贓俱獲，他等著再回監獄服刑。

不料，主教做了假見證，對警方表示，這些全是他贈送的，甚且還捧出一對銀燭台，慈愛地責怪尚萬強：「怎麼忘了帶走？」

尚萬強真的大吃一驚，主教有理由惱火，竟然以德報怨，他萬分慚愧。他抬頭望天，向上帝懺悔，第一次感覺到，神的愛，藉著主教流向他。

後來，尚萬強改名換姓，生意成功，且成為市長。由於是假釋犯，沒有按時報到，被警官四處追捕。

在此期間，尚萬強收養了一名小孤女，她的母親芳婷原是女工，因貌美遭到排擠，墮入風塵。為了寄錢給女兒，頭髮被鋸成狗啃頭當假髮，牙齒被榔頭敲斷賣假牙，最後受虐而死，果然是悲慘世界。

尚萬強為了這個小孤女，付出一切，等到女兒長得婷婷玉立，交了男朋友，乃是法國大革命的鬥士。尚萬強又為了救援未來的女婿，冒死奮戰，正如耶穌的名言：「你們為我的緣故，把一杯涼水給一個小子喝，就是給我喝。」他也饒恕放過窮追不捨的警官，即使他有機會有理由報仇。

從某一個角度而言，摩西一如尚萬強，也是個逃犯，亡命天涯，也會在夢中聽到有人喊：「摩西，你被捕了。」嚇得一身冷汗，醒來之後，失聲痛哭，害怕得沒法繼續入眠。

同樣地，一如尚萬強，縱然是出於義憤，偷竊麵包還是偷竊，摩西為了拯救虐奴，失手打死監工，還是殺人，不但犯了法律的罪，也違背良心的原則，犯下上帝眼中的罪。

然而，上帝藉著主教，給了尚萬強捲土重來的資本，上帝更讓摩西，率領二百五十萬希伯來奴隸，帶著埃及人民自動捐獻的大批金銀珠寶，重回自由，展開新的人生。

摩西原以為自己會像一匹駱駝，老了，倦了，被沙土掩埋。不料成為神的種子，掙脫土壤的重量，活了起來。他曾經再三自我定罪，自認為不配，充滿了自卑，怕被人看穿，但是，經歷了不可思議的紅海神蹟，摩西脫胎換骨。

每個希伯來奴隸都分到金器，摩西全部送人，一枚戒指也不要。神給了他一個超級大任務，也給了他一分新理想。男人啊，誰不想有輝煌的事業，盡情施展自己的抱負。摩西重整旗鼓，他要完成少年時代的夢。

壯漢的小女孩回過頭來，看著摩西朝著她笑，小女孩蹦跳著小胖腿，跑向摩西，很興奮地說：「摩西，你是神，我爸爸媽媽都說，你是神，你會變鐲子送我。」

摩西一把抱起小女孩，完全沒有政治人物到處抱小孩、試圖搶鏡頭的心態，他指著天上的雲柱，那一直沒有離開他們頭頂的雲柱，溫柔地對小女生說：「我不是神，那才是神。」

小女孩困惑望著摩西，她不懂，其實，她的父母也還不懂。

摩西咬著下唇，內心堅定地宣告：「我要讓他們了解神的愛。」此刻的摩西，充滿了氣吞萬里如虎的鬥志，八十歲的摩西，絕不是十八歲的摩西能夠比擬的。

3. 神木傳奇

從十九世紀開始，埃及就是人們嚮往的旅遊勝地，可考古、可探險，一窺金字塔神秘，享受尼羅河遊船的壯麗，包括吃吃喝喝、奢華、狂歡、肚皮舞，所費不貲。

但是，另有一些虔敬的基督徒，卻對西奈半島更有興趣。這是一片荒漠的曠野，從美國太空總署衛星拍到的照片，此乃地球上最清楚不過的地方，終年晴朗，更特別的是，《舊約》是以色列的歷史，上帝親自參與，西奈半島就是重要場景。

摩西率領以色列人離開埃及，來到西奈半島，他們很樂意恢復自由，卻希望留在埃及，能過舒適的生活。埃及多好啊，有肥沃農田，青翠蔬果，香噴烤肉，目不暇給的宮廷宗教活動，只要不再當奴隸受鞭打，他們依戀埃及。

上帝揀選以色列人，不只希望他們「吃得苦中苦，方為人上人」，還要他們成為聖潔的榜樣，於是，曠野成為新生訓練營，上帝是總教練。

剛剛離開紅海的時候，以色列人歡天喜地，彷彿郊遊健走。第一天下來，靜寂、荒野、險峻、山嶺、烈日、強光、飛砂、刺眼。沒有綠蔭，皮袋中的水變為滾燙。更可怕的是，已經見底了，埃及再壞，總有尼羅河的水啊，他們口乾乾的，心中煩躁。

那一天，眾人都無法安眠。

第二天，繼續健行，大荒沉沉，漠漠風沙，黃塵滾滾，一片茫茫，放眼望去，全是光禿禿的。有人開始哭，竟然哭不出來，原來，曠野乾旱，身體上的水被蒸發，大家都得了乾眼症。

「這樣下去不行。」原來高喊「摩西是神」的壯漢，帶了一群人來找摩西理論：「你知不知道脫水症？就是人沒有水喝會變成人乾、頭疼、昏迷、不省人事。」

旁邊有個老太太抱怨：「我已經開始頭疼了，完了。」

摩西指一指天上的雲柱，安撫眾人：「你們沒有看見那緩緩移動，似乎像山嶺的雲朵嗎？你們沒有發現雲柱始終帶領嗎？天哪！你們忘了上帝怎樣分開紅海嗎？」

「紅海已經離我們遠了。」

「紅海是海水，鹹的不能喝，摩西，你這一點常識也沒有嗎？」

「摩西是個害人精。」

忽然之間，此起彼落，人人高喊：「摩西是個害人精。」不久之前，摩西被大夥抬起，歌頌讚美，捧之為神，一下子就被摔到泥地。

一位少婦，抱著男嬰，著急地跑來，娃娃鬧個不停。「糟糕，太渴太乾了，我沒有奶水了，拜託，給我一點水。」

摩西苦笑道：「我這兒也沒有。」

少婦失望地走了，摩西望著她的背影，多麼憂愁無奈。兩天以前，這群人樂到全身噴笑，肩膀顫動，笑到眼淚流出來，互相親吻，彼此擁抱，曠野全是朗朗笑聲，天差地別啊。

「明天，明天一定有水喝。」摩西開出支票。

但是，第三天晚上，摩西跳票，還是沒有水。因為有水沒水不是摩西所能決定的，他只有繼續禱告，摩西有信心，這就是信心的考驗。

第四天早晨，以色列人已經累癱到不想起身，太陽高掛，再躺下去，就等著曝曬成乾屍。不得已，走下去，一面嘀嘀咕咕不停罵摩西。

到了瑪拉，突然看到幾棵綠樹，有綠就有水，趕快覓水源。大家一起賽跑，哇，前方真的出現水池，人人爭先恐後仆下去，想要滋潤一下乾到裂的嘴唇。

「苦的！」「苦到不能再苦！」大夥又不約而同地，啐出苦水。

原以為已經到甘泉，誰知比以前更苦，嘴苦心苦，一古腦的苦水，一齊射到摩西臉上。

摩西整個胸膛都裝滿了苦水，「上帝，救我！」

這時，耶和華神說話了，「你去找一棵樹，把樹丟在水裡。」

多麼奇怪的命令，摩西向來聽話，果然，不遠之處有一棵樹，摩西砍下樹，投入水中。

希伯來人都望著摩西；方才的水這麼苦，好像下了毒一般，若真正喝下去，不就應了中國成語，「飲鴆止渴」嗎？他們可不想再上當，大家瞪著摩西瞧，看他下一步動作。

摩西用手捧起水，一飲而盡，啊，這輩子沒喝過如此甘冽清甜，心曠神怡的好水。「甜噢！」

「真的？」眾人瘋狂地喝水，呼朋引伴，比美酒還醇美。

甜水下肚，警報解除，人們心甜嘴甜，又開始高歌：「這是我的神，我要讚美祂，祂是我父親的神，我要尊崇祂。」洋溢著甜美的譁笑歌聲。

「這是神木。」有人鄭重宣布。

「上帝要用的木頭，就變成神木，一如我的普通手杖可以變蛇一般。」摩西解釋道。

「不，摩西，你是神。」

馬上又開始了造神運動。

「摩西，這兒有甜水，我們就留下來，不走了。」有人建議。

「不可以，上帝要給我們的流奶與蜜之地不是這兒，單靠甜水，大家也活不了。」摩西以領袖之姿喝斥眾人。

有了甜頭，不表示下一站沒有苦頭，三番兩次下來，摩西練就了寵辱不驚，笑罵由人。偶像明星經常受不了乍紅乍跌，摩西不是明星，他是神的僕人，生命的光輝，就在苦甜交織中閃爍著。

終於在緊要關頭，甜水泉湧，這也就是《聖經》中所謂的：「神是信實的，必不叫你們受試探，過於所能受的，在受試探的時候，總要給你們開一條出路，叫你們能忍受得住。」

是的，神開路，以色列人拚下去。

4. 天使飛繞台南

從不斷出土的考古實物，讓更多歷史考古學家對《聖經》每一個地點都想追根究柢，其中包括了瑪拉這個地方，神指示摩西，將一棵樹，投在水裡，苦水化甜。瑪拉由此響徹古今。

瑪拉實際點無法證實，那一棵樹當然不在了。不過，很特別的是，這一帶，好像燒燙的鍋子翻了過來，根本不見綠樹，卻有一種奇木——皂莢樹。

遠遠看過去，皂莢樹像是鐵絲繞成的樹，不是真樹，樹幹褐黑，葉片尖刺如小星星、細細碎碎，數量極多，彷彿撐開一把破舊不堪的大雨傘，亭亭如蓋。

兩棵皂莢樹之間，距離甚寬，長達一兩英里，從來沒有一片叢林，總是孤獨地站立著。不甘於被旱地枷鎖，掙扎向上成長，痛苦成為一種力量，彷彿張開手的小小葉片，在曠野溫度突降之時，空中炎熱化為冷卻的小珠，葉子雙手捧過天賜甘露，如同一雙雙祈禱的手，從神接過了活水，滋潤全身。

皂莢木質地細密，忍耐乾旱，具防蟲功能。因此神用它們製造帳幕的豎板，櫃子、桌子、香檀、祭壇。尊貴的材料，具有尊貴的用途，預表基督象徵十字架。同類相聚，同氣相和，皂莢木為駱駝提供了水源。駱駝是沙漠之舟，高達三公尺，肩寬二公尺，肌肉結實，骨骼強壯，負重二百五十公斤。大型動物多半兇狠，駱駝溫和，牠不會像獅子老虎一般嘶咬，也不像猴子般嬉鬧、小鳥般聒噪，牠也不需要如牛馬般被人鞭打才會走。駱駝總是自律地，接過任務，堅持完成。

駱駝有雙層睫毛，鼻孔開闔自如，可以防避風沙，可以長達半個月不吃不喝，極度缺水之時，能忍受流失體內 百分之三十至四十的水分，不會中暑，比一般動物超過一倍耐力。

沙漠日夜溫差大，駱駝長出厚毛，白日防曬，夜間保護。牠夠高拔，用力伸長脖子，剛好吃到皂莢木的葉子，可以吸收一點水分，牠堅韌的嘴唇，厚實的口腔組織，正好享用粗刺纖維。生性溫馴的駱駝，偶爾發起脾氣，會吐出酸臭的口水噴人臉，一會兒又努力微笑著，同手同腳（同側手腳一齊邁開，在沙地保持平衡）笨拙前行，即使是一隊駱駝，依然各自獨來獨往，保持優雅風度。

智障兒的母親，比皂莢樹還要堅毅，走在人生沙漠，比駱駝的環境更為艱辛。

中國古代，智障兒視之為不祥之兆，即使在體檢發達的今天，沒有醫師能確保胎兒正常，可憐的母親，戴銬囚禁終身，夫妻失和，婆家嫌棄，娘家蒙羞，這是經常發生的事。

卻也有那基督徒父母，相信每個孩子都是上帝的心肝寶貝，即使是瑕疵品，他的出生，為的是激發父母向天取水的動力。因此在二〇〇二年，成立了「天使心家族」，具體幫助智障兒父母，不再稱之為智障兒、喜憨兒，改名為「愛奇兒」，這是安琪兒的諧音，也是愛護奇特的孩子。

有一位張媽媽，也把她的傻兒子，改名為「愛奇兒」。只是她的愛奇兒，已經不是小兒，而是挺著一個大肚子的中年男子，什麼都不會，眼睛直勾勾地望著人，嘴裡發出嗚嗚之聲。每一次路人害怕的眼神，張媽媽都覺得自己的心臟，成為一個箭靶，一次一次被射中，痛得不得了。

二〇一三年，張媽媽聽說，天使心要在台灣台南辦活動，每年三月第三個星期六，天使心都希望，父母把智障兒帶出來，走一走，曬曬太陽，張媽媽這一回決定參加，並且加入前一週的友好活動。

她帶著愛奇兒，從台北上了高鐵，一下車，竟有手臂上戴著「三三六」章的義工幫忙。

「你們是等在這兒，等著幫我們的嗎？」張媽媽不勝訝異。

「是啊，台南這一回，一共有八百位志工幫忙。」

接下來的這一週，張媽媽比劉姥姥逛大觀園還吃驚，從交通運輸、購物、醫療樣樣都有人伸出援手。到了京城銀行、便利商店，還有穿著T恤的志工，跑過來詢問：「有沒有需要我的幫忙的？」她什麼時候成為貴賓？

在路上，遇到一位媽媽推著智障且身障孩子的輪椅，兩人同病相憐，聊起天來。「這一回，天使心還在學校辦友好活動，要大家對我們這些苦命人好一點，啊，太苦了，我好想自殺。」

「想自殺，不奇怪啊。」張媽媽嘆一口氣：「我曾經一個月想死三次，後來，我不敢自殺了，現在，我比誰都怕死。我老了，我死了，誰要睬我這個傻孩子？」

兩位媽媽同時鼻酸，走到了度小月門口，隔壁夜市攤販竟然衝了出來，對著她們說：「辛苦了，加油！」走了幾步，又有一位穿三三六T恤的講同樣一句：「辛苦了，加油！」張媽媽有平生冤屈得雪的激動。三三六那一天到了，熱鬧極了，代言人周杰倫上台說：「我從來很少笑，今天一定要為大家笑。」酷酷的歌星逗得全場笑，張媽媽從來沒有雅興去注意演藝人員，今天也笑了。

接下來的嘉年華踩街太特別了，不只是遊行，兩旁有十四個表演活動，有阿嬤跳舞、小朋友拉提琴、民俗、氣球、彩繪、擂鼓，表演者與一般市民和愛奇兒、愛奇兒家長熱烈互動，走在路上，居然有人從屋頂窗戶探頭大叫：「辛苦了，加油！」

主持人還說：「我們的目標是每個家庭，派一名志工，讓家長喘息。」

張媽媽感受到上天的疼惜，台南的天使，四面熱烈圍著唱著，她不再孤獨恐懼，身體中有隻小鳥，打開鳥籠，揮翅高飛，生出無比的力量。

5. 坐看雲起時

「行到水窮處，坐看雲起時。」這是唐朝詩人王維的〈終南別業〉，恰似摩西的光景，摩西卻絕對沒有那一分悠然。

從希伯來人出埃及，狀如山嶺的雲柱，才是真正的指揮官，上帝在厚雲之中，指示方向，決定動靜，摩西多麼感激神的引領。

人生每一個階段，有著不同的痛苦，四十歲到八十歲的摩西，在曠野踽踽前行，獨來獨往，牧羊之時常遺憾乏人對談的寂寞。帶領二百五十萬的烏合之眾是另一種苦難，像是一群嘈雜煩人的鴨子，喋喋不休怨個不停，又像是出了柵欄的野獸，互相嘶咬，沒有一刻安靜。

更可怕的是，摩西似乎領了一群神氣活現的埃及監工，存心貶抑摩西。這話怎麼說呢？所謂多年媳婦熬成婆，一朝晉身婆婆，累積的忿怒傾洩而出，不自覺地，學起婆婆的臉色，用更惡毒的口氣諷刺新進門的媳婦。

希伯來奴隸驟得解放，原以為從此平步青雲，開始過舒服日子，誰想到竟然要為水煩惱？以前歌珊地就在尼羅河邊，至少不缺水嘛！上帝的意思，是要磨練他們，讓他們超越環境，朝上看雲柱，用禱告代替埋怨，不過，這一門功課不容易啊。

摩西常常偷偷哭，流下來的淚水，停在臉上，馬上被太陽蒸發，誰也沒有心思，照顧摩西的情緒。他時常望著雲柱，默默傾訴內心的委屈。

雲柱，成為摩西甜蜜的依靠。

上帝都清楚，所以《聖經》中說：「摩西為人謙和，超過世上任何人。」上帝知道，摩西單靠著禮貌待人、鼓勵勸人，這是不夠的。做為一個領導人，摩西必須有威權，群眾必須有律法，人是不可能完全自律的，況且這是一群猛悍的野人。

神的靈降到摩西身上，頒下話來，在瑪拉定了律例、典章，這些律法，我們以後再說。我們的法律，源自《聖經》國家，因此，許多律法，在我國法律中可以見到影子，十分有意思。

摩西再三重複：「你們要留意神的話。」

拿順和丟珥互相使個眼色，用嘲諷的語氣：「誰不知道，聽神的話就是聽摩西的，哎，這個天下誰都想當大王。」

謙和的摩西，依然溫文儒雅、維持謙和，上帝的話卻降下來，藉著摩西的口，嚴正警告：「你們如果聽話，行我眼中看為正的事，守我一切律例，我就不將加給埃及人的疾病，加在你身上。」

拿順想起埃及人身上的瘡，回憶神降的災禍，閉上了口。

任何社會，不能沒有次序，或許，可以從劉邦的故事得到啟發。

劉邦是中國第一位平民皇帝，聰明、能幹、流氓、莽漢，有領導長才，懂得用人，擊敗了項羽，建立漢朝，是為漢高祖。

劉邦初入咸陽，廢去秦朝苛法，但是，也立刻與秦民約法三章：「殺人者死，傷人及盜者抵罪。」大家都同意，此外，從皇宮到百官制度，大概都承襲秦朝制度。

劉邦當上了皇帝，大模大樣，披上龍袍上了殿。糟糕了，從前和他一起打天下的，全是粗裡粗氣的赳赳勇夫，走上前來，對著劉邦猛推一把：「好小子，有你的！」

劉邦一向以稱兄道弟，與哥兒們喝酒吃肉，打成一片嬉嬉鬧鬧，用以收攬人心。他也是靠著這一分江湖豪邁，打敗了威風凜凜、與任何人保持距離的項羽。

劉邦的老幹部們，不但沒大沒小、大呼小叫，竟然還有兩位官員，拿著刀劍進殿，一言不合，雙方就在殿上打鬧比劍，啊，真是亂得一場糊塗。

劉邦不愧是劉邦，眉頭都不皺一下，跟著大家起鬨，完全沒有皇帝的架子。回到後宮，暗叫不妙，找了叔孫通來，叔孫通乃是秦朝傳士，不是他的老戰友，漢高祖擺足了皇帝的威風，命令道：「你給我擬一套章法，上朝時亂成一團，成何體統？」

叔孫道採用古禮、秦儀，仔仔細細研究出一套辦法，就像我們電影電視中看到的，皇帝上朝威風著，文武百官誠惶誠恐，不敢造次。

高祖立刻聖旨頒下：「如有違者，重重責罰。」果然，下一回上朝，一幫穿著上朝服的野人，若非皇上喊：「平身。」根本不敢抬頭。

劉邦與中國古代所有奪取天下的皇帝一般，雖稱拯救天下蒼生，目的還是成就個人霸業，滿足皇帝夢。其實，稱不上革命，一直到了國父孫中山先生，他是讀《聖經》的基督徒，才有不同的胸襟，才會讓位給袁世凱，換取國家安定。

好，回到摩西現場，摩西基本上是一個純潔青年，即便人生八十，依舊有孩子的天真，滿懷人生理想。他渾身都是愛，他對神有愛，對希伯來民族有愛，即使遇到這麼不可愛的野人，摩西還是愛，他總把希伯來群眾當弱者，他要保護他們，殊不知弱者有時很可怕的，當摩西好人行好事之時，總會傷心至極、苦水自吞。

上帝及時伸手，拿出了規矩，沒有規矩，無法成方圓。「瑪拉」在希伯來語是「苦到不能再苦」，摩西也領導得疲憊極了，神出手管教之後，一霎時，摩西重擔輕鬆許多，雖然是暫時的。

摩西用手捧起甜水，一股清甜直湧入心，他用頭枕著手，躺在地上，直直望著雲柱，開始享受「行到水窮處，坐看雲起時。」的平安喜樂。

6. 清泉石上流

許許多多與基督教有關的地方，都喜歡稱之為「以琳」，例如以琳書店，這是有典故的。

在《聖經》第十五章二十七節記載著：「他們到了以琳那裡，有十二股水泉，七十棵棕樹，他們就在那裡安營。」

這一段話，重點在於一個「樹」，此非多刺的皀莢樹，而是真正的樹，有樹才能休息。「休」這個字，不正是一個人在樹旁邊小憩嗎？韋應物這一位唐朝詩人在〈東郊〉中便寫道：「依叢適自憩，緣澗還復去。」

希伯來人從瑪拉出發，不知道又過了多久，被烈陽曬得眼冒金星，拖兒帶女，外加牲畜，幾乎完全要垮掉了。這時，突然，冒出一片綠，他們到了綠洲，以琳（ELIM）這個字，中文翻得妙，不但是玉部首，還有一排樹林，十分傳神。

以琳位在蘇彝士東南約九十公里，盛產蔬果，水源充足，十二股水泉代表以色列十二支派，七十棵棕樹代表七十位長老。

「天哪，前面是綠地。」希伯來人狂奔呼喊，就是連牛啊、羊啊，看到久違的綠，也不顧一切衝上去。

在重度乾渴之中，他們用手捧起了水，滋潤裂到破皮流血的枯唇，笑聲震撼，歡樂在大地中奔騰，他們舐吻著水花。把整個頭浸水，享受清涼。

終於盼到水了，希伯來人感受到神的愛，生命泉水，彷彿流穿血管，流穿世界，動盪心懷。微風和煦，陽光在亭亭如蓋的棕樹上閃爍。到了晚上，又如唐朝詩人王維的〈山居秋暝〉：「明月松間照，清泉石上流。」這兒就是天堂。

人的思緒剎那之間，千變萬化，在最該狂喜之時，突然悲從中來，有一名婦女突然嗚嗚哭了起來，「從出了埃及到這兒，我整整一個月零十五天沒有洗過澡。」

眾人掐指一算，可不是嗎？四十五天的日子不好過。另一男子接著道：「我們以前在歌珊地，住在泥磚房，照顧羊群，種植蔬菜，雖說是當奴隸，每天晚上回到家，總還能舒舒服服洗個澡，乾爽睡一晚，不像現在，天天黏膩，真讓人受不了。」

「留在這兒吧，別走了。」一呼百鳴，大家一起去找摩西理論。

「摩西，我們一個月又十五天沒洗過澡了，你知不知道？誰像你，在曠野裡習慣了，不當一回事。」

拜託！人家摩西在埃及皇宮裡待了四十年，他豈會不知道埃及人講究沐浴，皇宮裡的洗澡池比一個房間還大，連楊貴妃出浴的華清池，也絕對比不上摩西當年的講究。摩西若不是體會希伯來同胞之苦，他犯不著捨棄王位。但是，摩西如汪洋般的愛，誰能了解他高貴的情操？

摩西瞥了一眼帳幕外的火柱，閃了一閃，彷彿星星般眨一眨眼睛，上帝懂的，上帝對希伯來人的愛，又豈是他們所明白的。

或許，天父用心之苦，我們可以用孟子的故事來說明。

孟子早慧，自幼聰明，孟家家貧，住在墳墓旁邊。他的父親在他三歲的時候就去世了，母親仉（音同掌）氏賢慧，管教孟子十分嚴厲。

子是尊稱，例如孔子。孟子名軻，母親呼他為軻兒。

有一陣子，孟子天天渾身污泥回家，他和鄰居小朋友一起玩「埋葬死人」的遊戲，意猶未盡，用碗裝了幾把泥土在院子裡面，一面用湯匙挖土，當成挖墳，一面抽抽泣泣哭個不停：「孩兒，沒想到我白髮人送你這個黑髮人。」

然後，就像孝女白琴一般，邊哭邊唱，一個人玩得好不起勁。

「軻兒，這不好玩。」

「這很好玩。」孟子繼續哭，愈哭愈大聲。仉氏想，這樣天天哭下去，晦氣無比，對孩子教育不好，遷地為良，搬到菜市場旁邊。

善於模仿的孟子，又有了新的遊戲。

孟子揀了幾顆小石子回家，擱在籃子裡，背著手，大模大樣走過來，在籃子裡東挑西挑，用力在每一個石頭上按一下，捏一下。

孟母在後面，看孟子玩什麼花樣。

一會兒，孟子跳到籃子那一邊，討饒地說：「太太啊，妳不能這麼捏李子，這些李子熟透了，被妳一捏，皮一破，我都不能賣啦！」

孟子又跳回籃子這一邊，現在他要演太太這個角色，於是扠著腰，像一個茶壺，破口大罵：「怎麼，我要挑一挑也不可以嗎？」

然後，孟子又繞過籃子，當起店家開始爭論。他一人演兩角，忙得很。第二天，又帶回樹葉當白菜賣。「今天的菜現摘的，新鮮唷！」

孟子靈活，演得真像一回事，仉氏像拎小雞一般，拎著孟子再度搬家，這一次搬到了學校旁邊。

孟子回家，搖頭晃腦，學著老師的模樣，口裡大聲吟著：「學而時習之，不亦樂乎。」

孟母這才滿意，「還是文教區好。」

等到孟子正式入學，讀得沒趣，逃課回家，孟母拿起剪刀就把織布機上的布，咔嚓剪成兩段，孟子一驚，「多可惜。」孟母寒著臉：「半途而廢，一事無成。」孟子乖乖回學校，以後讀書讀出了興趣，成為有名望的大思想家。

一如孟母三遷，耶和華神要讓希伯來人搬家，遠離埃及人。埃及人是典型的富燒香（諺語「窮算命，富燒香」，窮困時算命卜卦指望變富，富有時燒香祈求希望更加富有），牛羊鱷魚貓木乃伊，樣樣都拜，來到曠野，樣樣沒有，神要洗淨他們一身習氣。

新生訓練不好受，天父也知道，來了以琳，大家休息一下吧。

7. 得勝者

在《聖經》中，棕樹代表得勝者。所謂「義人必發旺如棕樹」。耶穌進耶路撒冷之時，許多人把衣服鋪在地上，還有人砍下樹枝來，鋪在路上，同樣是棕樹。摩西帶領希伯來人出曠野，到了以琳，那裡有七十棵棕樹；就是在天堂裡，人們也是手拿棕樹枝歡呼。

儘管是奴隸出身，大家都累得癱軟，尤其是老弱婦孺，摩西八十開外了，比摩西年長的，譬如他的姐姐米利暗八十六歲，其他還有九十多歲，甚且可能有一百歲的，照樣沙漠健行。五歲六歲的小朋友也得同步努力，旅途之中，沒有特殊的「博愛座」可以歇腳。

許多人開始抱怨，有幾位老者聯合向摩西抗議：「摩西，耶和華神是不是恨我們，才把我們趕到曠野。」

「怎麼會呢？希伯來民族求了四百年，好不容易才掙開奴隸的枷鎖，若不是耶和華神，用手臂分開紅海，我們逃得了埃及軍隊之手嗎？」摩西耐心地解釋。

「摩西，不要老提過去的事。」一位老太太不耐煩地打斷。

「不是過去，是兩個月以前，各位還在過著奴隸的生活。」摩西搖搖頭，驚奇人們的健忘。

其實，不是健忘，而是人性之中，原本由奢入儉難，由儉入奢易，從動輒遭到鞭打的苦刑，轉變為自由人，那是不需要學習的，卻馬上視為理所當然的。

「摩西。」一位老太太，指著摩西的鼻子，憤怒地斥罵：「你一天到晚提紅海，目的是要我們記得向你感恩。」

「不是向我感恩，是向耶和華神。」摩西發現，人生許多事，是沒有辦法講得清楚。

「摩西，你還是不明白。」老太太倚老賣老教訓摩西：「我們的確不想當奴隸，但是，我們並不想離開埃及，尤其不想離開歌珊地。」

「是啊，那兒多好啊。」

許多人一起閉上眼睛回憶著。歌珊地是希伯來祖先約瑟，在埃及當首相之時，向埃及法老要來的一塊地，青翠肥沃，可牧可種，的確是個好地方。

「是的，歌珊是好地方，因此，當年災荒結束之後，希伯來人捨不得離開，久而久之，就淪為埃及奴隸了，今天各位如果還住在埃及，埃及擁有全世界最強大的武力，大家豈不是還是回去乖乖當奴隸，完全保護不了自己。」

「不對，不對，」老太太又有意見了，「耶和華神可以在歌珊保護我們，我們離開埃及之前，埃及全是蒼蠅，歌珊沒有；埃及人長瘡，希伯來人沒有；後來，埃及到處一片漆黑，歌珊也沒有。甚且埃及人還送了許多金環金戒給我們，我們希望留在歌珊地，耶和華神保護我們，這才是我們的希望。」

老太太希望上帝像阿拉伯的神燈，她說出希望，神燈立刻實現，老太太成為發號命令的神，但是，上帝並不是這樣的風格。

「我老人家，不可以享一享清福嗎？」老太太幽幽怨怨、自憐自艾哭了起來。摩西嘆了一氣，拍一拍老人家的肩膀，「神一定知道我們都需要休息，大家就在以琳歇一陣子，在開心的時候，就該開開心心。」

上帝什麼都可以給，但是祂希望磨練祂的子民，一個一個成為得勝者，而不是坐享其成的依賴蟲，或者，我們可以從歷史上最富有的美國人，約翰·洛克菲勒身上得到啟示：

約翰．洛克菲勒（一八三九—一九三七），他父親是不負責任的密醫，母親是浸禮會虔誠的基督徒，養育五名子女。洛克菲勒白手起家，稱霸石油界，一八九七年，成立洛克菲勒基金會，北京「周口店」的北京人挖掘工作，洛克菲勒基金會就是最大資助者，並且興建了北京協和醫院，正是國父孫中山先生逝世之時，高喊「和平、奮鬥、救中國」的醫院。

如此的鉅富，他訓練孩子們勤儉，每抓一百隻蒼蠅一角錢，一隻老鼠五分錢，每一角錢都得記帳，他與其後代，成為慈善與環保事業的先驅者。

他留下一本書《洛克菲勒給子女的一生忠告》，暢銷至今，在書中他講了一則有趣的故事：

在歐洲，有一個人過世之後，來到一個絕妙之地，侍者殷勤服侍：「先生，這兒有一切美酒佳肴，各色美貌佳麗，比豪華郵輪上一切都齊備，你可以放心享用。」

此人大樂，生平嚮往，終於一償夙願，隨心所欲享受至極。

但是，有一天，此人開始厭煩，倦極。

他找了侍者來問：「一切都膩了，沒什麼新鮮有趣的，我想做一些事，給我一份工作好嗎？」

「對不起，這兒一切都有，就是沒有任何工作。」

此人火了，「那太無聊了，還不如下地獄。」

「先生，這兒就是地獄。」侍者老實地回答。

是的，應有盡有，也就無趣透頂。約翰・洛克菲勒曾說：「把我剝光，丟到沙漠，我會再起。」他相信「人生最大幸福就在與上帝意志合一」。他喜歡讀摩西出埃及，也把人生視為曠野的一站又一站。

岳飛〈滿江紅〉中有一句「莫等閒，白了少年頭，空悲切」，對於曠野中的希伯來人而言，即或白了頭，仍然莫等閒，必須成為得勝者，這就是為什麼許多牧師，將近百歲，仍然辛勤努力的原因，也是保持健康的秘訣。

8. 天上的宅配

《聖經》是一本有字天書，記載了神的奧秘。《聖經》的舊約，是猶太人的歷史書，上帝親自介入主導，「敬畏耶和華是智慧的開端」。華人讀者所熟悉的暢銷書《最後十四堂星期二的課》的作者——米奇・艾爾邦他正是猶太人，從很小的時候，一週三次習經。十三歲起，穿起深藍色的小西裝，站在木箱上，朗讀摩西五經，奠定品學兼優的扎實深厚底子。

今天猶太人的聰明出色，尤其對數字的精準，除了遺傳基因，《聖經》帶給他們最好的訓練。譬如我們現在談的摩西出埃及，所謂帶了二百五十萬希伯來人，這個數字，從哪兒來的？絕非一般史書記載戰爭，總是號稱幾十萬大軍如何。

在《聖經・民數記》中記載，上帝命令摩西數點人數：「凡二十歲以上能出外打仗的」，依宗派造冊，於是，例如迦得子孫後裔有四萬五千六百五十名，這樣計算下來，十二宗派共有六十萬零三千五百五十名，一共算到十位數，夠精細了吧？

因此，若是一家平均生兩個孩子，加上妻子，還有跟著希伯來的人跑出來的埃及人，出現了二百五十萬人這個龐大的數字。

在這般食指浩繁的狀況之下，摩西這位大家長，要如何變出糧食，餵飽嗷嗷待哺的大胃王，他們在埃及當苦力，食量驚人也。

在出埃及之後的一個半月，以色列人到達了以琳與西乃中間汛的曠野，他們的糧食即將告罄，彷彿燒滾了水的水壺，一起憤怒地噓開了，「啊，巴不得我們早死在埃及，耶和華的手下，想我們那時，圍坐在肉鍋旁邊，吃得多享受啊，摩西啊，你好狠的心，想把我們全餓死啊！」

這些轟隆的怨言，耶和華全聽到了，祂是神，祂了解會眾的需要，祂要一步一步訓練子民，祂不發怒，也不責備，祂指示摩西這樣那樣。

於是摩西宣布：「耶和華神說話了，黃昏吃肉，早晨會吃飽。」

「開玩笑。」一群眾繼續起鬨：「曠野中怎麼變出來大餐？」

摩西不語，負責任的是神，不是他，他只是摩西。

到了黃昏，天邊飄來一大片烏雲，還有啁啁啾啾的聲音，一會兒，整個營區全停了下來，眾人好奇地抬頭張望。

「天啊，不是雲，是鵪鶉。」有個小朋友大叫，他爸爸掄起木杖一揮，竟然一棍子打下幾隻疲憊的鵪鶉。眾人亂棍齊飛，地下一片鵪鶉，鮮嫩肥美多汁的肉中極品。

摩西微笑，「耶和華神從不食言，晚上準備烤肉大餐吧。」

眾人一陣歡呼，原來鵪鶉與鴿子相似，中國人火鍋之中常有鵪鶉蛋，恐怕是小鳥蛋，不一定真是鵪鶉。鵪鶉是一種候鳥，每年秋天由歐洲飛越地中海，在西奈半島北邊短暫棲息，然後再飛非洲過冬，春天時再北飛，同樣在西奈半島等候，好像是國際航線，飛機轉飛，暫停加油檢查一般。

鵪鶉長飛，疲憊不堪，離地面不過三尺，因此容易被捕捉，這個現象，今天西奈半島仍可見。

有意思的是，鵪鶉的航線在西奈半島北邊，希伯來群眾在南邊，而且一下子黑壓壓來了這許多，會眾們享用了一頓豐盛的、類似油淋乳鴿的烤肉大餐，再次經歷不可思議的神蹟。

這一天晚上，全會眾又吃又喝，米利暗敲著鼓，率領大家跳著舞，歡樂慶祝，正像《聖經》以賽亞書所形容的，「曠野和乾旱之地，必然歡喜，沙漠也必快樂，又像玫瑰開花，必開花繁盛，樂上加樂，而且歡呼。」

眾人大快朵頤，鼓腹而歌之後，又產生懷疑，他們一起來詢問摩西：「既然耶和華神，祂大有本事，可以差遣鵪鶉來到我們面前，連打獵的工夫也省了，為什麼不愛我們，天天給大家美食？」

的確，上天的宅配，比任何生鮮市場的更新鮮，耶和華神為什麼不能這樣滿足大家需要？

現代人都知道，天天大量紅肉，會產生高血壓、高血糖、高血脂，對身體不利，所以神不會這般溺愛自己的子民。

另外，《聖經》一直強調，那在飲食上專心的，從來沒有得著益處，上帝希望祂的子民，成為聖潔、合乎主用，方方面面都優秀，不是一味追求口腹之慾。許多人都有這樣的經驗，過年春節，一連幾天大魚大肉，連性靈也覺混濁。

《聖經》上還記錄一段耶穌的故事，同樣在曠野，四十天沒有食物，他沒有一句抱怨，當然還是餓得飢腸轆轆，這個時候，魔鬼來了，試探他說：「咦，你不是神的兒子嗎？你為什麼不把這些石頭變成食物？」

耶穌的確有這個能力，他可以把水變成酒，也可以用五餅二魚變成四千人的食物，但是，祂是照上帝的吩咐行事，不是自己隨便變魔術，因此，他不為所動，平靜地回答：「人活著，不是單靠食物，乃是靠著神口裡所出的一切話。」可不是嗎？上帝要苦煉那些垂涎肉鍋的希伯來人，人不能單靠食物，還要靠屬神靈糧的供應，才能活得像一個人，心靈得到滿足。

飽享肉餐之後，竟又有人嘆息，「為了美食，為了吃肉，我恨不得回到埃及。」完全忘掉了在埃及當奴隸的痛苦。這好比謀生不易，竟有人突發奇想，設法入獄，至少在監牢裡不愁三餐，寧肯犧牲自由。

耶和華神就是要對付這種奴性。

9. 天下第一美味

許多人都喜歡看魔術，想要知道為什麼魔術師一甩袖子，噗噗飛出一隻鴿子。然而剎那之間，二百五十萬人普天同慶的露天喜宴，該要多少鵪鶉食材？上帝的手畢竟不一樣。

以色列會眾痛痛快快風捲殘雲之後，有人嘆息：「光吃肉不好，最好還要配上餅。」的確，就算吃完酒席，也還要添一碗飯才過癮，人是需要主糧的。

摩西說：「上帝已經開了口，黃昏吃肉，早晨必有食物得飽，現在各位已經吃了鵪鶉，早早回帳幕休息。」

「我想不通，」迦米大聲發言：「難不成在這些曠野石頭上面，連夜生出麥子，就算長出來了，一個晚上也沒法子收成。」

「是啊，道理上講不通。」摩西姐姐米利暗接口：「就像紅海怎麼分開，苦水如何變甜，我們的神實在太偉大了。」上帝本是獨行其事的神，祂是宇宙的主宰，祂也沒有智囊團，祂也不要和誰商量，誰能料到祂的下一步？誰又能預測自己的明天？

米利暗興奮起來，轉回帳篷，拿出她的小鼓，一群婦女跟在她後面，唱歌跳舞，同時凝神，觀察周圍環境。

天漸漸沉了，全地墨黑，代表耶和華神的火柱高掛天上，摩西也很好奇，不知道耶和華神，要給大家帶來什麼驚喜，人人捨不得睡，彷彿觀光客等候阿里山的日出，不，日出是可以預料的，神蹟是出人意表的。

天色開始矇矇亮了，迦米洩氣地發牢騷：「撐了一個晚上的眼皮，半點沒有動靜，地上連一根苗都沒有長出來，莫非糧食自天而降。」

羅沙扯一扯迦米的衣袖，不可置信地低呼：「你看，露水。」

營地四圍清晨全是露水，太陽初升，露水上騰，顯露出原先被露水遮蓋的東西，到處全是白霜狀的小圓物。

希伯來民眾一看，傻了眼，地面上白茫茫一片。

迦米撿起一小撮，瞇著眼睛，望了半天，「這是什麼東西？」

米利暗也拿起一片，放在鼻子前嗅一嗅，「這是什麼？」

希伯來話，「這是什麼」的發音是「嗎哪」，摩西笑一笑說：「嗎哪就是耶和華神給你們的食物。」

「聽著，你們先算算帳篷住了幾個人，然後依照各人的飯量，拾取地上的嗎哪。」「你們各人拿一俄梅珥。」

所謂俄梅珥，大約是今日乾容量的二點三公升。

於是，以色列人就七手八腳拾取嗎哪，有那貪心的，撿了許多，也有信心不夠的，只稍稍拿了一點。

奇怪的是，回到帳篷一量，差不多就是一人一俄梅珥，正是一家人每日平均食量。

「這個嗎哪，我們沒有吃過，這要如何食用？生吞嗎？」每個人都有相同的疑問。

「我和你們一樣，從來沒有吃過這種東西，神真是神妙，祂告訴我，可以烤也可以煮。」摩西回答。

「我要一半用烤的一半用煮的，」米利暗咯咯笑個不停，她搖著頭說：「神蹟太多了，一次比一次新鮮。」

一會兒，嗎哪烤出來了，滋味如同摻了蜜的薄餅，米利暗大聲讚嘆：「天下第一美味。」

眾人狼吞虎嚥掃光屬於自己的嗎哪，也意猶未盡，舉起大拇指，「好吃。」當然好吃，這是天糧，上帝給的。讓我們先放下嗎哪，回顧一段中國歷史。

元朝末年，番僧誤國，天下大亂，群雄並起，其中包括朱元璋，朱元璋原名朱重八，因為他是九月十八日生的，他的父親名叫朱五四，因為祖父五十四歲時生了父親，蒙古人規定漢人無職百姓，不許取名，只能用祖父母或是父母年齡為名，因此，朱元璋的同伴湯和的父親叫湯七一，常遇春的父親是常六六。朱元璋、湯和、常遇春的名字都是後來自己取的。

當朱元璋初起之時，路過南昌，多日未食，實在是撐不下去了，老百姓聽說軍隊要來，全都避難鄉下，四處無人煙，他站在星空之下，覺得四處全都堵住，唯一被打通的地方只有天空，朱元璋仰著頭低呼：「老天爺，我好餓，救救我吧。」老天爺就是上帝。

突然之間，他嗅到一股熱香，不會吧，回頭一看，一位老婆婆正捧著一碗大麥碎飯，津津有味地享受著，朱元璋的口水，竟然就流涎到了下巴。

老婆婆是個好人，回到廚房，端來一大碗熱騰騰的大麥碎飯，淋了一點醬油，撒了少許蔥花，遞給了朱元璋。朱元璋喜得味蕾動員，全身細胞跳躍，他捨不得三兩下幹光，故意一小口一小口咀嚼，啊，儘量細食慢嚥，還是碗底朝天，他謝了又謝，鞠躬作揖，「大娘手藝，天下第一。」

朱元璋拜別老婆婆，從此，沙場之中，最能安慰朱元璋的，就是回憶齒頰留香的大麥碎飯。「有一天，我要吃個過癮。」

其後，朱元璋建立明朝，成為開國皇帝，山珍美味，應有盡有，他吃著膩，吩咐御廚做大麥碎飯，沒有一人做得好，他一天到晚發脾氣。賢慧的馬皇后建議：「不如找來當年的老婆婆掌廚。」

朱元璋是皇帝，果然找到了老婆婆，也再嚐了夢裡相思的大麥飯，滋味平淡，他正要抱怨，老婆婆開口了：「吃是飢好。」

朱元璋自己反省，的確是嘴刁了。他特在新昌建立「皇婆亭」感恩老婆婆一飯之恩，也提醒自己勿忘天恩。

痛苦之中，自有上帝的美意——學會珍惜。

10. 嗎哪是什麼食物？

嗎哪是什麼食物？是新疆的孜然烤肉嗎？非也，嗎哪（manna）希伯來文的意思是「這是什麼？」此乃希伯來人在曠野之時，上帝所賜的天糧。

根據《聖經》之中，摩西的記載，嗎哪的樣子像是芫荽子，芫荽是草本植物，果實圓形，色白有清香，可製成藥材或香料，芫荽就是你我所熟悉的香菜。

嗎哪美如珍珠，鋪在地面宛如白霜，或用磨推或用臼搗，煮在鍋中，如甜甜米漿，製成薄餅，則像橄欖油蜂蜜小餅，滋味不壞，甚為可口。

上帝藉著摩西的口，頒下命令：「各人的嗎哪今天吃完，不許留到明天早上。」

眾人散去，背後議論紛紛：「既然是耶和華賜的食物，我今天少吃一點，留到明天，有何不可？」

「是啊，萬一明天沒有降下嗎哪，豈不挨餓。」

「我還想分成三分，留到後天哪。」

突然有人譏誚：「啊，不行，摩西今晚要查帳幕，一一搜查，一共二百多萬人，看他有多大能耐。」

大家一起爆笑，嚴厲批判摩西管得太細瑣。

第二天早晨，凡是自以為聰明的，都聞到一股餿味，原來，嗎哪變臭了，更噁心的是，還爬出一隻一隻小蟲來，他們不知道反省，還捧著惡臭的嗎哪，跑到摩西那兒抱怨。

一向好脾氣的摩西，也忍不住發怒：「昨天我是怎麼告訴你們的。」

過了不久，又有一群人慌慌張張，喘著氣來申冤：「摩西，你不是說，每人有每人的嗎哪嗎？怎麼地上是空的，我的份呢？」

「耶和華神說，清晨必撿嗎哪，現在是什麼時候了，嗎哪一遇熱，全融化了。」

「啊，我不過多睡一會兒，我心想，既然嗎哪躺在地上等著撿，晚一點早一點沒有關係。」

「是沒有關係，只是，你今日就餓一天吧。」

眾人低下頭來，乖乖領受神直接出手的管教。

上帝耶和華的話語一向「是就說是，不是就說不是」，就像孔子所謂的「言必行行必果（果效）」，絲毫不可打折扣，曠野裡沒有冰箱，隔夜食物的確不新鮮，何況神每晨宅配，用不著囤積，更重要的，上帝要用具體的糧食，訓練希伯來人守規矩，以及養成對神的絕對信心。

或許我們可以用一個中國古代的歷史故事，來體會上帝的用心良苦。

戰國時代，七雄並起，最後秦國勝出，關鍵人物是商鞅，商鞅不姓商，因為有功封於商，遂稱為商鞅，他本名是公孫鞅。

商鞅聰明，有幹才，他有一套富國強兵的方案，可以改造秦國，但是，他得先改造秦國人民的素質，相信他的領導方向。然而，所有主政者，常常是說一套、做一套，因此百姓也一貫上有政策、下有對策，於是上有官僚下有刁民，商鞅決心去除積習。

有一天，他擺了一根三丈長的木頭，放在南門腳下，並且貼出告示：「誰把此木頭，自南門移到北門，賞十兩金子。」

許多百姓圍攏來看，個個抓耳搔腮，測不透什麼機關，新官上任三把火，這一把火燒什麼名堂？

過了幾天，沒人敢動這根木頭，但是都充滿好奇。

接下來，更奇怪的事發生了，商鞅竟然把獎金從十兩黃金，提升到五十兩黃金，一下子跳五倍。

有一個小伙子正缺錢用，霍地跑上前，扛了木頭就從南門到了北門，後面擠滿了看熱鬧的遊行隊伍。

立刻，商鞅召見，小伙子像中了樂透一般，捧出五十兩沉沉的黃金，滿臉堆著得意的笑容。鄰里高興得奔相走告，一會兒工夫，秦國人民都聽說了喜事一樁，商鞅這一招宣傳政策太棒了，廣告打響之後，人民相信政府，商鞅開始有氣魄的改革。

中國人一向不喜歡法家思想，凡事強調情理法的，以情優先，所以總愛強調商鞅後來作法自斃，五牛分屍（不是五馬），其實，法治是一個國家不可或缺的。

商鞅畢竟只是商鞅，人定不能勝天。上帝初步訓練他們之後，藉著摩西提出新的規範：「由於第七天是安息日，第六天，你們要撿雙倍嗎哪，每人兩俄梅珥，要烤的就烤了，要煮的就煮了，剩下的留到第二天。」

馬上有人插嘴：「第二天會長蟲發臭。」但是，也學習著不敢違背命令，雖然心中還是半信半疑。

第二天一大早，人們起來急著查看嗎哪，神啊，果然完好無恙，依舊香氣怡人。

摩西前一天曾說：「到了安息日那時，天上不會降下嗎哪。」天天有嗎哪，安息日說停就停了嗎？

許多希伯來民眾，一大早還是好奇地外出一探究竟，果然走遍曠野，一小片嗎哪也沒有。

希伯來人民在埃及之時，奴隸何嘗有假日，做到死為止。上帝體恤人們，正如同神在創造天地之時，當天地萬物都造齊了，到了第七日，神造物的工已經完畢，就在「第七日歇了他一切的工，安息了，神賜福給第七日，定為聖日。」

這也就是我們今天會有週末休息的來源，上帝的原意是希望人類忙了一週，休息一天，紀念神的恩典，珍惜與家人相聚的美好時光。

造物主既有公義，也有憐憫啊，何等的體貼。

11. 謝天

「嗎哪」又名「天使的食物」，因此，歷來許多餐廳以此命名，以示巧奪天工，美味可口。

由於太陽升起，嗎哪頃刻消融，希伯來人誰也不敢賴床，天色初曉，一躍而起，唯恐嗎哪落了空。

「奇怪，穀物都是從地裡長出來的，怎麼嗎哪從天上掉下來呢？」雅尼摸一摸土地，乾乾的，下面也沒有根。即使有人徹夜不眠，希圖一探究竟，還是摸不著頭緒。

「還有更讓人想不通的事。」雅尼的妻子發問：「嗎哪遇熱即融化，那麼，我不論用煮用烤，都要用火，這個時候，嗎哪就不怕熱了嗎？」

所謂神蹟，原本是超自然的，這就是新約《聖經》〈馬可福音〉所謂的「在人是不能，在神則不然，因為神凡事都能。」

但是科學家既然在考古、地理上找到許多與《聖經》相合的證據，所以對著嗎哪窮追不捨。

有一派主張，嗎哪與西奈半島一種乾燥花相似，放數年不壞，可以和茶葉一般，用水將花瓣沖開，若是水大，花瓣中的種子，隨波逐流，甚且漂到其他地方，繼續生長，花開花落，幾度夕陽紅。妙哉。

另一種說法，嗎哪是一種生長在曠野的苔蘚地衣，在清晨，露水出來之時，形成白色滴狀圓物，但是，太陽一上升，露水蒸發，地衣瞬時變回泥土顏色，完全看不出來了。有如灰姑娘假扮公主，時辰一到，原形畢露。

此外，西元一四八三年，有一位朝山的背包客布萊登巴，曾經驚喜萬分地表示：「我找到嗎哪了。」

他語出驚人，在西奈半島旱谷之地，仍舊保有嗎哪，拂曉之時，如露珠一般，撒落草地，石頭，掛滿樹枝，經常有當地人撿拾之後，賣給來往過客以及觀光客。

背包客畢竟非專家，人微言輕不受重視。百年後，希伯來大學教授柏登海默支持這種看法，相信嗎哪來自兩種寄生昆蟲，住在檉柳樹上，愉快地吸吮樹上的汁液，分泌出來黃褐色的甜漿，風乾之後，成為顆粒如葡萄乾大小的晶狀物。但是到了中午，太陽正射，嗎哪顏色變深，具都因人用其代替蜂蜜，由於黏性強，時常沾滿牙縫，齒頰留香。因此柏登海默組成的嗎哪探險團隊，人人買了許多嗎哪回家，展出照片，轟動一時，以示嗎哪真相大白。

以上各種說法，各有支持者。不過，此非民意調查，事實上，天底下沒有任何一種植物，安息日突然消失，平日無法隔夜存放，安息日卻自動保鮮，所以《聖經》上才說：「這是你們祖先未曾見過的。」如果是西奈半島的特產，為什麼摩西在曠野比希伯來人足足早到了四十年，他也大惑不解：「這是什麼食物？」

嗎哪之奇異與可貴，的確古之所無，今之未有。因此，耶和華吩咐摩西：「你要拿一個罐子，裝滿一俄梅珥的嗎哪，留到世世代代。」做為紀念，以色列人一共吃了整整四十年的嗎哪，一直到進入迦南地，甫進入，嗎哪立刻消失。

在新約《聖經》中，有一則與嗎哪類似的故事，耶穌帶著十二個門徒，來到伯賽大，那裡的人聽說來了神醫，什麼病都可以治，一下子擁來了五千人。

到了黃昏，門徒著急了，跑來找耶穌：「快叫大家散了吧，他們好各自去鄉村找住宿的地方，這兒是野地，什麼都沒有。」

耶穌對門徒說：「你們給群眾分些食物吧。」

門徒苦笑，「我們一共只有五個餅，兩條魚，去哪兒買食物啊？」耶穌沒回答，吩咐大家排隊。於是，門徒吆喝指揮，眾人一排五十人坐定。

接著，耶穌拿著五個餅兩條魚，仰首望天，祝福，擘開餅與烤魚，稀奇的事發生了，一下子變出許多的餅，一堆的魚，門徒詫異，眾人驚奇地站了起來，門徒高喊：「坐下，守秩序。」

於是，各人攤開手，每人都分到香香的餅與魚，高興得來個露天大餐，每人都吃到飽，而且還剩下十二個籃子。嗎哪與五餅二魚，都是無中生有，數量爆增，完全不合自然律，然而，大自然所有生物，原是上帝一開口「說有就有」。神隨時可以顛覆自然律，祂就是要藉食物，闡明「人活著不是單靠食物，乃是靠著神口裡所出的一切話。」

中國人老早就明白這個道理，著名的散文作家陳之藩在他一篇名為〈謝天〉的文章中提到，他的祖父母明明「要滴下眉毛上的汗珠，才能拾起田中的麥穗，風裡雨裡咬著牙」，卻總在吃飯之時摸著陳之藩的頭，「老天爺賞我們家飽飯吃。」原來，謀之在人，成之在天，努力是必須的，成全則靠天憐。

上帝為什麼要人們每天拾取嗎哪？耶穌為什麼一次不多變點糧食，因為神要人們養成每日做工，以及每日求神的謙卑，《聖經》中的耶穌教導門徒祈禱，「我們日用的飲食，今日賜給我們。」

一個人能好好吃一餐飯，絕對不是理所當然的，天災人禍，貧窮病痛……有太多因素無法飽餐。這就是基督徒每餐謝飯的道理，雙手合十，低頭感謝上天的賜予，一粥一飯，半絲半縷，出自多少人的心血，更是蒙神厚愛。

陳之藩的結論，「於是，創業的人，都會自然而然想到上天，而敗家的人卻無時不想到自己。」這就是生命的奧秘吧。

12. 站在前頭的領導人

美國總統華盛頓，他是唯一一位沒有住在首都華府的總統，因為當時特區尚未建造，更因為首都乃為紀念他而命名。另外美國尚有一華盛頓州也是懷念他，華盛頓與林肯是美國人民最景仰的領導人，尊之國父。

在費城紀念館中，記載一則笑話。

父親說：「華盛頓在這兒，餓得沒有東西，只好煮了皮鞋。」

孩子問：「皮鞋好吃嗎？」

「兒子，我也沒有吃過。」

「喔，那華盛頓為何不吃一客牛排？」

小男孩的冷笑話，充分反映了現代潮童的幸福與天真，讓人不知何以對。

華盛頓最為家喻戶曉的故事，應當是六歲的小華盛頓，想要試一試小斧頭利不利，竟然把父親所愛的櫻桃樹給砍了，但是他坦白以告，準備接受處罰，父親誇獎他是誠誠實實的好孩子。

現代人認為，這是華盛頓傳記作者帕森編的，華盛頓已作古，此事不可考。

也許華盛頓沒有砍過櫻桃樹，也沒有嚐過皮鞋湯，但是，他是一位奮鬥勇者，為著下一代建立了美利堅共和國，華盛頓曾經在冰河之中，浮游數小時逃命，也曾經與英軍對抗之時，除了胡蘿蔔，只有胡蘿蔔可食。

美國獨立源自於一批基督徒，他們要自由敬拜上帝，這才從英國來到了美洲，他們都熟悉《聖經》，也都認為一個好的基督徒，不只是關在教堂背《聖經》金句，而是活出神的熱情理想。

所以儘管只剩下胡蘿蔔，軍費匱乏，他們啃著僅剩的食物，彼此勉勵：「我們不是小白兔，我們有上帝，胡蘿蔔就是神賜的嗎哪。」

華盛頓出身貴族，卻與摩西一般，全無驕氣，帶領一群脆弱不堪的軍隊，建立了美國。

他在就任總統發表第一次演講之中，曾經說道：「值此宣誓就職之際，若不熱忱對全能上帝祈求，那是非常不妥當的，因為上帝是宇宙的統治者，沒有人比美國人更堅定不移崇拜上帝，在邁向獨立國家的進程之中，似乎所走的每一步路，都有某種天佑的跡象。」

雖然說日日嗎哪，難免生膩，但是曠野不毛之地，保證免於挨餓，已經謝天謝地了。不過，這就像北歐許多國家人民，因為社會福利辦得太好，缺乏生存鬥志，自殺率奇高。

上帝揀選以色列人民，成為地球上資優班的菁英，祂還有一套套的苦煉計畫……

以色列全會眾，遵行耶和華神的吩咐，從汛的曠野，來到了利非訂，沒有水，一滴都沒有。

想像一下，如果我們自來水廠，宣布「停止供水」，何時恢復，回答只有「？？？」該是怎樣群情洶洶。

摩西只有沉默，他抬頭望著從出埃及之時，一路引導他們、代表上帝的雲柱，自己在心中對自己說：「摩西，新的考驗開打了，沉住氣。」上帝曾經讓紅海分開，在瑪拉讓苦水轉甜，莫非大家全忘了嗎？

果不其然，摩西背後嘰嘰嘓嘓，噓聲四起，所有怨毒排山倒海般襲來，「摩西，你好狠的心，為什麼害我們的兒女牲畜渴死在這個鬼地方？」

摩西抬頭，看見一個小娃娃在母親懷裡，摩西認得他，該有九個月了吧，長出四顆牙，流著口水，可愛至極。八十歲的摩西，看小孩子特別有趣，他心裡閃過一個念頭：「小娃娃長大了，不會再是奴隸。」是的，摩西忍受苦痛，跋涉泥濘，神藉著他，扭轉希伯來後代子孫的命運，不再是奴隸，而是自由自在，飛騰歡笑……

看著娃娃，他忍受著四面八方的指摘爭鬧，任憑群眾踐踏他的自尊與幹勁。

「你是埃及皇宮之中，養尊處優長大的，你根本不懂我們做奴隸的苦，現在更苦了。」

群情激昂之下，有人拿著石頭，對準摩西扔過來，既有人開了頭，馬上有效尤者，摩西哭求耶和華神：「上帝啊，我拿這些百姓怎麼辦呢？他們要拿石頭打死我。」

這些發了瘋般的群眾，他們真的會打死人。

耶和華神開口了：「你帶著手杖（這杖曾使尼羅河的水變血）率領幾個長老，我會在何烈的磐石那兒等你，你擊打磐石，石必出水。」

摩西舉起杖，用力一擊，一剎那之間，天人合一，石頭裡竟然湧出噴泉，嘩啦嘩啦，在最緊張的一刻，上帝護壘，保護摩西，免得他被憤怒的群眾活活打死，祂是守護神。

眾人一擁而上，水如花，柔如絲，這種久旱甘霖的興奮，不是普通海水浴場的戲水可比。每一次人的怨言之後，必有神的恩賜，祂聽見了埋怨，祂要考驗人的信心。

不過，神也要處罰不信的怨言，因此這地取名為瑪撒（就是試探），又叫米利巴（就是爭鬧），因為他們在這兒，吵鬧地說，上帝不見了。

經過一次又一次的苦練，這樣的小娃娃長大，不會與晉惠帝一般，遇到饑荒，傻傻地問：「何不食肉糜」，這也就是以色列像仙人掌一般，長於旱地，不管受到怎樣的摧殘折磨，仍舊屹立。

13. 誰最可靠

人生是一段漫長的奮鬥，不斷會有新的困難，認識到人生如此艱辛，的的確確十分痛苦。但是這種認識，卻能幫助人們度過難關。

美國作家班・史汀曾以牛仔精神，詮釋成功之道，他講了一個有趣的例子，當牛仔騎上馬，奔往大草原，若是遇上響尾蛇，牛仔不能埋頭痛哭：「我不想玩了，我回家找我媽媽。」

牛仔只有一條路，拔出槍，把第一條，第二條……響尾蛇一一射死。一頭頑抗的小牛，絕非牛仔鬧彆扭的對象，陰寒的天候，也是必須忍耐去克服的人生現實。

曠野，是耶和華神訓練以色列人的實驗場所，祂要把他們，磨練成為世人的榜樣，在利非訂磐石出水之後，馬上迎接以色列人民第一場戰鬥——出迎亞瑪力人。

亞瑪力人的含義是「谷中居民」、「好戰者」、「生事者」，屬以東族，是以掃（就是為了一碗紅豆湯，賣掉長子名分的以掃，詳見《吳姐姐講聖經故事》第一冊）的後人，專門從事過路搶劫的勾當。

摩西點軍約書亞，「我任命你為主將，明日出戰。」亞瑪力人粗蠻兇悍，擅長偷襲，簡直就是過路的搶匪，很難對付。

約書亞面有難色，「我們沒有軍備，也沒打過仗。」

「大家手上不都有杖嗎？還有想要打死我的石頭嗎？放心，我為大夥禱告。」摩西拍拍約書亞的肩膀，他向來喜愛約書亞的忠懇。

摩西在埃及，曾是一馬當先的戰士，他沒有親上第一線，倒非年事已高，而是總司令本該退到第二線。此所以劉邦項羽相爭，劉邦贏了，項羽輸了的原因，項羽總是站在前線，劉邦則由韓信領軍。當然，利非訂一戰，其實是上帝出戰。

第二天，摩西拿著杖，站在山頂，當他雙手舉起，熱烈地禱告，奇怪，以色列人亂棍齊飛，拿起石頭往前扔，亞瑪力人就敗退，可是，摩西累了，手才放下，亞瑪力人又衝了上來。

亞倫、戶珥互相使了一個眼色，合力搬來一塊大石頭，讓摩西坐在上面，省些力，摩西繼續撐著，漸漸又不支，手要往下垂了。

這時，亞倫一個箭步，扶住摩西的左手，戶珥趕緊扶住摩西的右手。儘管摩西與神相通，形成天人合一的美好，他仍需得利的左右手幫襯。

領袖絕不能孤零零一個人作戰。

山下的人，遠遠看見摩西屹立的身影，彷彿得到了安慰鼓舞，從日出到日落，約書亞用刀殺了亞瑪力王，獲得全勝。摩西緩緩下山時，群眾熱烈歡呼，場面激昂澎湃，叫好拍手歡呼瘋狂，經歷了幾次冷熱交替的三溫暖，摩西心情平靜，他不計較人們的反覆無常，他體諒人性。

這個時候，上帝說話了：「摩西，我要把亞瑪力這個名號，完全給滅了，你要把這句話寫在書上，做為紀念，又要告訴約書亞。」

由此可見，雖然亞瑪力王被殺，這一股惡勢力並沒有完全消滅，亞瑪力人始終是以色列人的死敵。

摩西築了一座石壇，取名為「耶和華尼西」，意思是說，耶和華是我的旌旗。所謂旌旗，是記號，是信息，更是集合的標誌，就像是我們出外旅行，導遊手中拿著小旗幟。古代將軍出征，更要飄揚一面大旗，例如岳飛的旗，上面寫著大大的「岳」字。

約書亞迎了上來，摩西給他一個大大的擁抱，「幹得好。」

「我根本弄不清，我怎麼殺了亞瑪力王的，摩西，全是你的禱告，你的舉手，我不敢居功。」約書亞謙卑惶然地回答。

「親愛的約書亞，這場仗，當然是神在打，不過，你也得奮力迎戰，我也得認真禱告。」

摩西歡喜約書亞，他純潔善良，老老實實，凡事全力以赴。上帝是不會看走眼的。

約書亞原名何西阿，摩西給他改了一個名字，稱之為約書亞，意思是「上主拯救」。猶太人的名字總是反覆使用，同一個馬利亞，不知凡幾。到了新約時代的「耶穌」，其實和約書亞是同一個名字，所不同的，約書亞是希伯來發音，耶穌是希臘發音。

約書亞對摩西說：「摩西，我們原來以為耶和華神愛我們，我們就會永保安康，怎麼還要打仗？」

「世界上永遠有邪惡，神要我們勇敢迎敵，祂會幫助我們的。」

摩西笑笑：「難怪神要我們把這一段寫在書上，特別要唸給你聽，約書亞，你是要負起許多責任的。」

「我不行。」

「你行，不要怕。」

這一段歷史，證明了天助自助，神是全能者，人也必須全力而為。絕對沒有一個學生，不唸書，光禱告，竟然成績領先。

猶太民族，為了孩子體會自助，在孩子幼小之時，他們會玩一種家庭遊戲：在孩子約莫四歲大，父親把孩子拋上天空，接住，再拋上去，接住，小孩子吱吱咯咯笑個不停，玩得開心。

突然之間，父親故意一個失手，孩子掉在地上，大哭大叫，跑去找媽媽告狀，媽媽會回一句：「爸爸好壞。」

下一次，重複上演，孩子受騙，爸爸不理，媽媽也若無其事，當作沒看見，等孩子自己爬起來，在跌跤之中領悟：「不能全靠家人。」

同樣的年齡，孩子開始接觸《聖經》，七歲前，配合旋律，反覆練唱，學習從上帝汲取力量，挨得起隨時揮來的猛拳，向前奮進，再奮進……

14. 比較諸葛亮與摩西的愛情

每當政治領袖，必須公正執法之時，必定有人獻計「宜效法諸葛亮斬馬謖」，先哭一場，爭取民心。與著名日本小說《半澤直樹》一般，學習攏絡權術。

不過，這種假惺惺的演戲沒有用。因為，諸葛孔明放聲痛哭，是他的真性情，他真愛馬謖，卻不能不堅持法治，在三國時代，千古風流豪傑之中，孔明絕對是第一男主角，也是中國歷史上高貴完美的代表典範。

蘇東坡詞中「風流」，指的是英傑，風流最早在晉書中是指風流教化，到了唐朝才有放蕩之意。因此「遙想公瑾當年，小喬初嫁了，雄姿英發。」乃是緬懷周公瑾周瑜，當年娶了小喬，英雄美人，相得益彰。

大喬小喬是姐妹花，大喬嫁給了孫策，小喬許配周瑜，歷來三國戲劇，人們總是品頭論足，哪一位美女最漂亮，夠資格詮釋小喬。

相較之下，諸葛亮在這一方面，似乎遜色，從來沒有人對諸葛夫人這個角色感到興趣。其實，他們才是真正幸福美滿神仙伴侶。

孔明先生，身長八尺，一表人才，體貼善良，魅力超群。

在相府之中，春香拉著冬梅，「我每次看到相爺走過來，好像神仙一般。」「可不是嗎？人世間竟有這等男子。可是，我們的夫人，哎呀，實在普普通通，完全不起眼。」冬梅表示完全同意。

春香又發表議論：「比普通還差吧，皮膚是黑的，頭髮是黃的，兩人外表完全不配。」

「可是相爺喜歡她啊，尊敬得不得了。」

兩個丫鬟搖頭嘆氣，很遺憾從來得不到相爺的注意。

諸葛亮本來就不是讓人容易了解的奇男子，劉備三顧茅廬，這才請動出山，可見他的眼界與境界。然而他的傻氣與忠心，以及淡泊明志，富貴浮雲的清高，固非旁人所及，也不見得是凡夫俗子所能欣賞。

中國人說：「讀出師表不哭者為不忠。」因為面對扶不起的阿斗，還要這般死心塌地、語語自肺腑流出，忠心不易也。同樣在允許納妾的時代，諸葛亮要抵擋如飛蛾撲火的熱情女子們，更是難上加難，這是上天的考驗？還是魔鬼的試探？

孔明夫人同樣必須忠心，她還得具有好品德、好學問，除了舉案齊眉，（這是後漢之時，梁鴻與孟光相敬如賓，吃飯之時，托盤齊與眉高。）她必然是知己。世間男子本來不容易有男性朋友，何況諸葛亮，他既非劉備、關公、張飛桃園三結義。三國之中處處有蔣幹之類的間諜，能不小心嗎？能不謹慎嗎？

即或高如孔明，他也有難過傷心，有寢不安席，食不甘味之苦，孔明夫人懂他、愛他，和他有一樣的深度、廣度，共謀大事，成為智囊，難怪夫妻伉儷情深。

當然，諸葛亮並不是存心找一個難看的妻子，只是人沒有十全十美的。孔老夫子曾言：「吾未見好德者如好色者也。」他若見到諸葛亮，可能也要揖讓而升了。

類似的情況，出現在摩西身上。

當希伯來人，在神的帶領之下，戰敗亞瑪力人，消息傳出，摩西的岳父葉忒羅，帶著摩西的妻子西坡拉，以及摩西兩個兒子革舜、以利以謝來見摩西。

「摩西！」西坡拉一見摩西，向前飛奔，緊緊抱緊摩西，「摩西，好想你。」一派熱情。希伯來文西坡拉，意思是燃燒不盡的荊棘，又是小鳥，她的個性也正是如此。

「孩子們的傷勢好了嗎？」摩西關心地問，在他們一家四口前往埃及之時，摩西突然生了一場大病，幾乎要死。西坡拉心忖，該是兒子沒受過割禮，惹神發怒。二話不說，拿起火石，三兩下就把兒子的包皮割了，扔在摩西腳前，母子三人就留在曠野。

摩西笑笑對她說道：「啊，想起妳在曠野時，當機立斷，我真是佩服。」

「我得救我親愛的先生，是不是？」西坡拉也頗自得。

旁邊站著的，摩西的大姐米利暗，看著直搖頭，回到帳篷，米利暗對大弟，就是摩西的哥哥亞倫抱怨：「我們的弟弟摩西是神人，何等卓越優秀，怎麼娶了一個如此野蠻的妻子，她還不是希伯來人。」「而且十分粗野。」

亞倫點點頭：「我也覺得不妥當，不過，這是摩西的事，不是嗎？」

想當初西坡拉在井邊，被混混欺負，摩西救了她。同樣摩西缺水缺糧，落難王子，也是西坡拉伸出援手。曠野中出現了大帥哥，婚後的摩西，總是到處躲避難以計數的暗戀女子。

摩西擁有的才學風采，西坡拉完全沒有，換一個角度，西坡拉對於曠野的掌握，摩西也甘拜下風，西坡拉給了他安全感。

摩西同樣是沒有朋友的孤獨男子，他開玩笑道：「兩百多萬希伯來人之中，只有我一個人，在曠野待了四十年，現在妳出現了，妳比我在曠野的歷史還要悠久。」

西坡拉回答：「但是，你在曠野中的奇遇，上帝的特殊恩典，也是我從小沒聽過的，摩西，你瞧我們頭上的雲柱，從你出埃及時，就引導著大家。」

「是啊，我們禱告吧。」摩西握住西坡拉的手，因為有上帝，摩西夫妻有依靠，這就不是只是觀察天象、那時還不懂上帝的諸葛夫婦可比的福氣了。諸葛亮凡事躬親，鞠躬盡瘁，五十四歲就抱憾而終，還不及摩西壽數的一半（摩西活了一百二十歲）。

15. 婚禮誓詞

愈來愈多人嚮往教堂婚禮，甚且在旅館中布置一座假教堂，找來一位假牧師擔綱演出。因為婚禮莊嚴、浪漫、華美帶來憧憬。好像自己成為偶像劇中的主角。

婚禮誓詞劇本甚多，大致如下：「我在上帝面前，娶（嫁給）你做我的妻子（丈夫），從今以後無論是順境或逆境，富有或貧窮，健康或疾病，我都將愛護你、珍惜你、直到天長地久，我承諾在我有生之年，都會對你忠心不渝。」

如果是真的一對基督徒，在真的牧師之誓下，他們還有一個美好的盼望，走向地毯另一端↓走向百年好合走向天堂永遠不讓的新的身體↓走向永恆。唯有對神至死忠心，經過考驗的信徒，才有資格穿上榮美的白衣。這就是新娘子都穿白色禮服的原因之一。

婚禮誓詞很美，忠心不渝，對男男女女都是難事。摩西祖先亞伯拉罕，受到妻子撒拉的慫恿，納了婢女夏甲為小妾，從此家室不寧，一直到今天，以色列與阿拉伯國家世代結仇，遠因在此，夏甲之子以實馬利是阿拉伯人的祖先。

摩西與妻子西坡拉，曠野四十年的結合、磨合、談得來也談得深，摩西的勇於任事，恰恰與西坡拉的豪情奔放相契合。摩西很欣賞西坡拉的俠女颯爽風格，西坡拉也很會激勵摩西向前奮鬥。

這一會兒，全家團聚，摩西一一為大家介紹「這是我兩個兒子，老大革舜，意思是，我在外都成了寄居的，一個名叫以利以謝，意思是，神幫助我脫離法老的刀。」

第二天一大早，天還未亮，摩西帳房外面擠滿了人，西坡拉問：「發生了什麼事？」「沒什麼，每天都是這樣子，百姓要我排難解紛。」

一會兒，摩西就像醫院中的名醫開診，旁邊擠滿了吱吱喳喳的各樣疑難雜症。

「摩西，他家的牛頂撞我家的牛。」

「摩西，有人打傷我有孕的媳婦。」

「摩西，我的羊昨晚被偷了。」

「摩西，我未成年的小女兒，被壞小子勾引了。」

摩西，摩西，摩西，每個人都在叫摩西，摩西用手捂住耳朵，「你們一起講一塊吵，我什麼也聽不見，一個一個來。」
我是，摩西一一照著神的律例與法度，在兩邊之間施行審判。
摩西法官實在太忙，沒有時間吃飯，沒有時間上廁所（當然那時沒有廁所），旁邊一圈一圈完全被包圍了，從早到晚，摩西沒有喘息的時間。
一直拖到半夜，眾人才心不甘情不願散去，準備明天一早再來，甚且有人就睡在摩西帳篷外，徹夜守候。
西坡拉心疼道：「摩西，你累壞了。」
「沒有，我還好，我撐得住。」摩西大大打了一個呵欠。
「摩西，你不體貼人。」老丈人葉特羅開口啊。
「什麼？」摩西一向敬重岳父大人，他為了百姓，命都豁出去了，還要怎麼體貼人？
「你自己受得了，沒錯，但是，老百姓從早站到晚，他們受得了嗎？」
摩西彷彿胸前挨了一拳，他全心全意為百姓著想，卻惹來不體諒的罪名，覺得很受傷。
「我教你一個法子，你在百姓之中，挑選一些有才能的人，派他們作千夫長，百夫長，五十夫長，十夫長管理百姓，隨時審判，小事自決，大事呈到你這兒，當然，這些人得先上課，明白神的律例與法度。」葉特羅一一指導。

「最重要的是，這些審判官得是敬畏神，誠實，並且痛恨不義之財的人。」老丈人進一步提醒摩西。

「恨不義之財之人？」

「是的，光是不拿不義之財還不夠，必須痛恨受賄賂的骯髒事，這才抵擋得了關說與紅包。」葉特羅果然薑是老的辣，看事透徹。

摩西依計而行。後來，許多事業心強的人，往往讀這一段《聖經》，別有領悟，例如趙鏞基。

韓國人在第二次世界大戰之後，一貧如洗，趙鏞基牧師領導的教會，為韓國注入積極的新生命。他信神的經過，十分特別，高中二年級時，得了肺結核，病情惡化，躺著等死。

突然之間，姐姐的朋友經過他們家，神給了她一個靈感，這兒有人需要禱告，敲了門進來，為趙鏞基禱告，他竟奇蹟般慢慢康復，當時，肺結核是沒有藥醫治的。

以後，趙鏞基積極報神恩，他靠著神，醫好許多人，他身上也諸多神蹟，一九六五年，他在巴西遇到一位警察，警察要看他的護照，他照辦了，警察竟拿了他的護照跑了，他身無分文，著急得想哭，此時，來了一位陌生人，表示十年前曾在朋友的書上，看過趙鏞基的照片。於是大力幫助，趙就回韓國了。真是神恩浩蕩。

趙鏞基更加熱心傳福音，一天為幾百人受洗，有一天，看到《聖經》中，葉特羅對摩西所說的：「因為這事太重，你獨自一人辦不了。」開始效法摩西設立千夫長百夫長的提議，成立教會小組，也領悟到，神創造宇宙，六天之後，也休息了，休息也是工作的一部分，電池不能不充電啊。

美國總統不論再忙，也知道去大衛營度假。保鮮的婚姻要經營，也要充電，葉特羅沒說出的是「摩西，你要有與西坡拉單獨在一起的時光，」他真是善解人意的智慧長者。

這也是《聖經》傳道書中記載的「當同你所愛的妻快活度日，因為那是你生前，在日光之下勞碌的事上所得的分。」

16. 如鷹展翅

在《聖經》之中，老鷹象徵力量與勇敢。美國警察以老鷹為標幟即源於此。《聖經》裡，最早出現老鷹的譬喻，記載在〈出埃及記〉之中，以色列人離開埃及，已經整整三個月，來到了西乃曠野，一片空茫，沒有人煙與綠樹。他們回首前塵，彼此欷歔，「想想過去九十天的煎熬，真是佩服自己，竟然撐過來了，不容易啊。」

耶和華神聽見了他們的自誇，把摩西喚到山上，對他說：「百姓不要自吹自擂，我怎樣在埃及人身上顯神蹟，這是你們看見的，我好像是老鷹，把你們這些小鷹背在翅膀上來歸從我。」「現在你們若是守我的約，聽我的話，就可作我的子民，成為聖潔的國民。」

上帝一再提醒以色列人，讓他們知道自己的身分與使命。

老鷹通常築巢在懸崖，一般鳥類無法攻擊牠，母鷹以荊棘、碎石、上鋪枯草、獸皮，建立愛的小窩。每日辛苦覓食，幼鷹漸漸成長。

有一天，母鷹忽然發了瘋一般，不斷地攪動溫暖的家，像暴風一般，將軟和舒適的獸皮嫩草刮光，只剩下尖利的荊棘與小石。荊棘是有刺的灌木，無甚大用，所謂負荊請罪的藺相如就是扛著荊棘。

小鷹好害怕，用不知所措的眼神望著媽媽，母鷹繼續發威，嚇得要命的小鷹被迫離巢，拍拍雙翅，很想閉上眼睛，不要看到可怕的現實，但是，閉著眼睛飛翔更恐怖，牠們的翅膀不聽使喚，眼見就要撞到岩石了。

老鷹的眼力是最強的，超過人類十多倍，牠完全不眨眼的，嚴嚴看緊小鷹，當小鷹在最危急的一剎那，老鷹向下俯衝，比噴射機還快的速度，分秒不差地趕到，接穩小鷹，背在自己兩翼之上。

小鷹獲救，好樂，在母鷹翅膀上，翱翔於藍天白雲，真是舒服。一會兒，母鷹翅膀一歪，驚魂甫定的小鷹，又被迫再次冒險闖關：「媽媽，我不要飛！」

母鷹不理會，牠必須狠下心。

一次又一次，小鷹翅膀長硬了，也磨出經驗學會獨立。

上帝的妙喻，實在最恰當不過了。照希伯來人意思，他們最好留在歌珊地，氣候溫和，可畜可牧，不要當奴隸，上帝照顧他們，保護他們。

神的意思，是要子民成為完全人，因此，逼他們到曠野，卻也屢次行神蹟，磐石出水，苦水變甜，天降鵪鶉，地生嗎哪，小鷹彷彿海軍陸戰隊的蛙人，每天接受不同的訓練，上帝卻是永不離開的母鷹，不打盹不休息，用翎毛遮蔽百姓。

上帝的這一番老鷹說，一般百姓不見得體會，摩西卻是了然於心，他趴在地上，感激地說：「耶和華神啊，我愛祢，求祢保護我，將我隱藏在翅膀以下。」

老鷹之所以被稱為老鷹，因為牠長壽，可以活到七十歲。

關於老鷹，牠的中年轉型，還有一段美麗的傳說。

在老鷹四十歲之時，牠的爪子老化，無法抓取獵物。牠的爪喙愈長愈拖地，不便進食。牠的羽毛又濃又厚，漸漸飛不動了。

這時，老鷹勉力地飛，飛到山頂，牠停了下來。

牠要作生命之中，最重要的一個決定，牠是要專心等死，還是痛苦地重生。

如果牠不想奮鬥，太累了。那麼好，一切照舊，生命如同捧水在手心，一點一滴消失了。

如果牠選擇拚下去，得找一塊岩石，把喙湊嘴上去磨，磨得痛苦不堪，喙磨短，喙磨平。彷彿植牙之前，先把牙連根刨起，只是沒有麻醉藥，沒有電動鑽，也不能隨時漱口，就這麼自討苦吃磨嘴喙。

終於，喙磨平了，這時也無法進食了，安靜禁食，讓新的喙慢慢長了出來。

下一步手術開始，老鷹用新生的嘴喙，把趾甲一根一根拔出來，又把羽毛一支一支咬下來。比滿清十大酷刑還要慘烈，因為自己擔任劊子手，鮮血淋漓，一地羽毛，老鷹沒有一聲哀號。

手術完成，老鷹在曠野的恢復室之中，閉眼療傷，逐漸長出新的皮肉，新的趾甲，新的羽毛，長達一五〇天的換膚過程之中，只有忍耐，忍耐，再忍耐，奔向重生，四十歲的老鷹，脫胎換骨，迎往燦爛的後半生。

摩西四十歲入曠野之時，第一個感覺就是無人說話，人的舌頭是萬惡之源，在地獄點火，人的嘴貪愛美食，也是生病起因，他在曠野四十年，深深在這方面被管教。

八十歲時，在西奈山，看見荊棘著火卻不滅，最沒用的荊棘，被神的火點著，竟能發出如此耀眼的光芒，摩西的生命，也如枯木逢春，重新活了回來。

老鷹是很奇妙的，無論颱風、龍捲風，當牠一飛上天，暴風雨全在腳下，而且牠御風而飛，靠著氣流，不完全是自己的蠻力了，飛機的原理，就是師法老鷹。

下了山，摩西發覺自己身體變輕了，因為他是重生的飛鷹。

在《聖經》中，有一段著名的經文，永在的神，不疲乏，不困倦，祂的智慧無法測度，疲乏的，祂賜能力，軟弱的，他加力量，就是少年人也要疲乏困倦，強壯的，也必然跌倒，「但那等候耶和華的，必從新得力。」

因此「他們必如鷹展翅上騰，他們奔跑卻不困倦，行走卻不疲乏」，他們要如鷹展翅上騰，越飛越高，一直飛近上帝，活出美好人生。

17. 民族需要救星

讀過《聖經》的人，莫不對摩西的忠心，感到無比讚嘆。摩西對神忠心，對希伯來民族忠心，將希伯來民族，帶出埃及法老的桎梏，堪稱希伯來民族的救星。

國父孫中山先生，則是中華民族的救星。在他之前，中國歷史上的所謂革命，其實只是改朝換代，意在皇位。孫中山革命的背後，有上帝的引領，他是一個基督徒，生命的軌跡有與摩西相似之處。

讓我們暫且放下摩西，回到中華民族的偉人——孫中山先生。

閱讀中國歷史，清朝末年是最痛苦的一段。北京條約、南京條約、瑷琿條約，全是喪權辱國、令人血脈賁張的不平等條約，孫中山就誕生在此悲慘年代。清朝同治五年，西元一八六六年，廣東省香山縣翠亨村，他是農家子弟，排行老五，家中小康。

孫中山自幼聰穎，七歲入私塾，一群小朋友，搖頭晃腦死背書。一句也不懂，反正就是背背背。

小小年紀的孫中山，竟然大著膽量舉手發問：「請老師講解給我們聽。」

「小孩子，有耳無嘴，只要背就好了。」老師開始訓人。

「我全會背了，可是我不懂，背了有什麼用？」孫中山初生之犢不畏虎，卻講出許多同學心裡的疑惑，許多老師其實自己也不懂，反正甲等於乙，乙等於丙，甲就等於丙，就這麼搪塞過去。所謂以經解經是也。

這一位私塾老師，倒是肚子裡有些墨水，竟然爽快地答應：「好，我講給你們聽。」

從此，孫中山成為鶴立雞群的特殊人物，他也的確和別的同學不一樣，他很愛朋友，不過，朋友不見得領情。

有一回，孫中山放學，看見一群小孩子在賭錢，其中有他同學楊帝卓。

孫中山拉住楊帝卓的髮辮，勸阻他道：「不要賭啊，這上癮了可不得了。」

「嘿，拉我辮子是破壞我的賭運，你幹什麼多管閒事？」說著，楊帝卓抓住孫中山的辮子，狠狠摔在牆上，拳打腳踢一頓痛揍，孫中山都不後悔。

十歲之時，村裡來了一群差役，口中嚷嚷：「李家窩藏土匪。」直闖內室，翻箱倒櫃，看見值錢的，就往懷中塞，回頭發現孫中山等小蘿蔔頭，怒罵道：「李家是土匪，我們來查封，小鬼頭快滾。」

「真的嗎？你們自己才是土匪。」

好一個孫中山，直話直說，差役氣得要揮刀，孫中山高喊：「土匪來囉。」跑掉了。

孫中山十四歲那一年，隨著母親前往檀香山，探望比他大十二歲的大哥孫德彰，小時候，孫中山聽說洋人是「頭上沒有髮辮，留著火一般的鬍鬚，用銳刀吃東西，槍裡出煙火。」怪模怪樣，孫中山心裡想：「洋人既然讓人種種不安，他們身上也一定有值得研究的事。」等到坐在輪船上，他自己記載：「始見輪舟之奇，滄海之闊」，從而大生：「慕西學之心，窮天地之想。」

大哥德彰發現幼弟是個人才，把他送到檀香山，一所美國教會學校——意奧蘭尼書院就讀，孫中山從一句英文也不會說，到畢業之時，更威夷王加刺鳩特別頒獎給孫中山，恭喜他得到畢業考英文第二名，華僑都感到光榮。

孫中山學業優秀，他也愛上了學校中的教堂，參加早晚的祈禱，週日的主日崇拜，開始學習《聖經》，韋禮士主教對孫中山十分關愛，孫中山喜歡這種寧靜、莊敬、溫馨的禮拜，也喜歡滔滔不絕，口若懸河與人談論《聖經》。

孫德彰擔心了，他與一般不了解基督教的人一般，誤以為信了上帝，數典忘祖，殊不知，基督的信仰更可落實中華文化的理想層面，他把孫中山送回了中國。

人還沒有下船，孫中山就一肚子火，因為海關人員，輪番上船，理由是「查鴉片」，其實都是乘機勒索，東搜西括，孫中山難過極了，他心想的，不是外國月亮比較圓，而是，該如何讓中國的月亮變得最圓。

回到翠亨村，孫中山開始傳教，他曾說：「少年時期信從耶穌，幾乎做了傳教士。」孫德彰反對孫中山信教，斷了他的金援，孫中山在基督徒幫助之下，於光緒十年，入香港拔萃書院求學，繼續學習英語，並且到道濟會堂長老區鳳墀那兒學古文，在今天澳門孫中山故居之中，依舊可見他當年閱讀的，一大櫃的二十五史。

不久，他在香港的美國綱紀慎禮拜教會，由喜嘉理牧師受洗成為正式的基督徒，時年十八歲，當時他用的名字是孫日新，他的好朋友陸皓東同時受洗，我們今天，仍然可以見到當時的照片，在受洗名冊上，看到孫日新，排名第二，陸皓東以陸中桂的名字，排名第四。

光緒十三年，孫中山轉入香港西醫書院，以第一名成績畢業，幾乎全是滿分，只有一科是九十幾分，教務長康德黎召開會議，決定把這一科也改為滿分，全部一百分畢業，可喜可賀，這一年孫中山二十七歲，順利圓滿。

一如摩西，孫中山大可留在國外行醫，他十次革命，每一次失敗之後，也都可以選擇留在海外，何必這麼苦，這麼傻？但是，他要改造中國，這是上帝的呼召。當然，也是中國知識分子的歷史責任感，偉哉，民族救星。

18. 智克詐騙

許多人都知道，孫中山先生原來習醫，不過可能不知道，他在西醫書院拿到博士之時，不但第一名畢業，而且全科滿分。其後，在澳門開設「中西藥局」，他的外科手術精湛，經常免費醫治貧患。

如果孫中山願意，他大可以在海外施展抱負，過著極為優渥的生活，雖然不是埃及的摩西王子，卻也能媲美貴族般的享受。

但是，他放棄了這一切舒適，因為他和摩西一樣，深深愛著自己的民族同胞，他也與摩西一般，從小看不得欺負人的霸凌。摩西因為同情希伯來奴隸，教訓埃及監工之時，一不小心用力過猛，把監工給打死了，放逐曠野四十年。

孫中山也是打抱不平的天性，小時候，在村子裡，有一個賣臭豆腐的，人稱豆腐秀，脾氣和發霉的豆腐一般臭。小朋友被臭豆腐誘人的香味吸引，成天追著跑，又沒有錢買來解饞，只能在旁邊聞香。

豆腐秀生意不佳，自怨自嘆時運不濟，這一群小鬼叫來鬧去，他更覺得心煩，大吼一聲「滾開！」小孩子充耳不聞，豆腐秀火了，舀起一杓熱油，潑向小朋友。

兩個小孩被熱油燙傷，捂著臉大哭大叫飛奔回家，孫中山目睹一級燙傷，「好險，萬一油濺到了眼睛，豈不失明？」他決心效法《七俠五義》中的展昭，給這個壞心腸的豆腐秀記一個警告，於是順手撿起一塊石頭，以投籃之姿，「嘩」，石頭飛出，命中鍋破，油漏了一地。

路人全擠過來看好戲，這一鍋油重複不斷地回鍋，也從來沒換過，以現代人標準來看，實在不衛生，卻也是豆腐秀的謀生工具，他氣忿忿跑到孫中山母親，楊太夫人面前告狀。

孫中山理直氣壯：「這是你自己違背天理，還要求賠償？」孫中山端出小包公的姿態。

說也奇怪，豆腐秀一愣，天良發現，竟然點點頭，轉身挑起擔子走了，從此，脾氣也改了。

長大以後的孫中山，不再如此莽撞，但是，遇到不公平、不正義的事，對不起，還是不能明哲保身，非得置身事「內」不可。

一八八四年，孫中山還是醫學院學生之時，有一個假日，在九龍地攤，一個賣假藥的，耍魔術騙顧客，他先裝模作樣在自己身上砍一刀，趕快偷抹一點番茄醬，眾人驚呼「流血了！」他再不慌不忙，從藥罐中撒一些粉，一下子，血也止了，而且傷口不留一道疤，因為根本沒有刀傷。

有人拍手叫好，有人急著掏錢。

「這是假藥，不可買，這些黑呼呼的藥丸，更不可隨便吃，否則傷肝傷腎。」孫中山是學醫的，他當然懂。

「小兄弟，你不信是不是，看我打斷你的腿，再用藥塗一塗，你就相信了。」說著，揮起一根棒。

「不急，不急，我有一管槍，不如我用槍轟了你的頭顱，你再用藥抹一抹，頭就復原了。」

賣藥的一看，真的，孫中山的藍布長衫大袖中，果然凸起一根槍，嚇得收拾攤子，一邊跑一邊回頭，看孫中山有沒有追來。

攤販跑遠了，孫中山自長衫之中，掏出半根剛才沒吃完的甘蔗繼續啃，眾人笑翻了：「好，有膽！」「智克詐騙！」

孫中山卻笑不出來，他知道他前腳離開，賣藥的後腳又來擺攤，他多麼疼惜這些被騙的老實百姓啊。孫中山信上帝之後，逐漸改掉嫉惡如仇的剛烈，神就是愛，朋友要愛，仇敵也要愛，他也體悟，孔老夫子所謂的「大道之行也，天下為公」就是一種博愛，「力惡其不出於身也，不必為己」，就是基督徒的「事奉上帝」。

雖然當時學業尚未完成，他胸中全是熱情，非要為同胞做些什麼才好，哪怕只是微微小小不足道的事。

暑假期間，他和同鄉楊鶴齡回到翠亨村，整個村子臭烘烘的，滿地垃圾，又髒又亂。小時候習以為常，在香港住了一陣子，變得不能適應老地方，他沒有捏捏鼻子，嫌棄抱怨：「下次放假不回來了。」

孫中山直接跑去找村長：「我們翠亨村太髒了，應該好好打掃一番。」

「就大夥將就將就吧，我們沒有這一筆預算。」村長望著孫中山，心裡想，少不更事的年輕小伙子，該磨一磨稜角與銳氣。

「沒有預算就不能整理環境嗎？」孫中山客氣地請教。

「不然，小伙子，你就自己來幹吧。」

村長以為這一句話，該把孫中山擋了回去。

不料，孫中山興高采烈，拉著楊鶴齡的手，召集了一群翠亨村的青年，挑來一些石子，把崎嶇的路面，鋪得平平整整，又把垃圾收集起來，挑到村外給燒了。村長看了，把這些當作自己的功勳報到香山縣。

香山縣的縣長很好奇，跑到翠亨村一看，果然可以列為縣中楷模，召見了孫中山大大誇獎一番，見他有一股傻勁，邀請他：「明年暑假回鄉，整頓鄉里衛生」，孫中山滿口答應。

第二年暑假，孫中山回來，縣令換了人，他是用五萬塊買來的官，急著一上任搜括財物，把五萬塊補回，繼續升官發財，大展鴻圖，對於孫中山的計畫，興趣缺缺。

孫中山望著滿地垃圾，心中失望極了，目睹列強一塊一塊瓜分中國的土地，好像一次一次生食自己的肉一般，他想要把翠亨村的垃圾掃出去，把同胞心中的髒亂掃出去；他也要把欺負中國人的外國列強用掃帚趕出去！

他想起埃及中的摩西，他抬頭望天，上帝啊，幫助我！

19. 教堂外的綁架案

無神論者有一種說法，如果這個世界有上帝，為什麼祂容許各種的罪惡與不公不義。殊不知，人間的困難，人們必須自己面對，神的工作，得藉著人手完成。此所以希伯來人出埃及，得要靠摩西帶著眾人奮鬥。

同樣地，中華民族的翻轉，天助之外還得人助，這個核心人物就是孫中山。

孫中山是個好醫生，不會隨便開刀。醫人如此，醫國亦然，他曾於光緒二十年，北上天津，向北洋大臣李鴻章上了一篇「萬言書」，開出救命藥方——「人盡其才，地盡其力，物盡其用，貨暢其流。」四大綱領，轟動全國，李鴻章正忙於中日甲午戰爭，無暇理會。

孫醫師知道，非革命開刀不可了，但是，他並不是想與前朝帝王一般，坐擁孫氏王朝，他想建立一個民主自由的新中國。成立了興中會，展開第一次武力革命，地點在廣州，以陸皓東設計的青天白日為旗幟。

起事前一天，朱湘洩密，陸皓東急回雙門底機關，因為那兒藏有同志名冊，孫中山攔阻：「回去，太危險了。」

「不能不回，否則，所有同志全完了。」陸皓東真的走了，也真的沒有再回來，成為中國革命歷史上第一位犧牲的烈士。

陸皓東從小與孫中山一塊長大，同時受洗成為基督徒，他與孫中山時常互相抱拳，俠氣地說：「事若不成，我們天堂見。」哥倆一定會天堂見，但是仍不免欷歔，孫中山也成為欽定要犯，懸賞一千銀元。

於是，一如摩西，孫中山走到曠野，他來到檀香山。

一如摩西，他滿懷理想，卻成為逃犯一名，前途茫茫。

一如摩西，上帝安排了葉特羅成為救難天使，就這麼巧，檀香山如此之大，孫中山竟然在大馬路上，遇到恩師康德黎。康德黎夫婦正要回英國，留下地址給孫中山，孫中山正愁下一步，該如何走，也就不久之後，飛到倫敦，住在格蘭旅館，離老師家很近。

於是，孫中山除了在大英博物館鑽研之外，每天都要到康德黎家轉一轉，常常一起用餐，師母也極其愛護這個學生，殷切為他禱告，讓孫中山逃亡流離之時，還能夠得到安慰憩息。

每個星期天，孫中山都要和老師師母，一起到離家不遠的教堂做禮拜，彷彿身心靈重新充電一般，孫中山視之為無上的享受。光緒二十二年一八九六年十一月十一日，孫中山生日前一天，他照例在十點半出發，前往恩師家。

剛步出旅館，一位黃皮膚拍拍他的肩：「你是日本人嗎？」此人操著流利的英文。孫中山也用英語回答：「不，我是中國人。」

「你會說廣東話嗎？」東方人再問。

「我就是廣東人。」孫中山回答。

「好極了。」這位東方人開始用廣東話交談，兩位老廣，聊得好開心，走到一半，老鄉開口：「前面就是我家，進來坐一坐。」

「我要去教堂。」孫中山謝絕了。

東方人順手一推，孫中山就進入了豪宅，裡面擺設全是中國式樣，氣派不凡，戒備森嚴，孫中山暗忖「不妙」。天啊，羊入虎口，這兒是中國公使館，依照國際慣例，使館是本國領土，也就是說，他被清朝政府活捉了，當時公使是龔照瑗。

孫中山被囚禁在三樓小屋中，他好自責，怨嘆自己不小心，眼前只有死路一條，救國救民的大業，莫非走到盡頭。

勉強靜下心來，孫中山幻想自己還是去了教堂，心中點點唱著詩歌，開始祈禱，開始懺悔，日日夜夜一連六、七天，《聖經》中一句經文「我要因耶和華歡欣，因救我的神喜樂」閃入腦海，他忽然高興了起來，他相信神會救他。

孫中山寫了一封求援信，請使館僕人，交給康德黎，僕人把信呈給了公使，他又用一張廢紙片，再寫一信，扔向窗外，信又被使館人員撿回，看守就更嚴密了，公使還訂了船，準備把孫中山裝入木箱中，當作貨物運回中國，看來真是沒救了。

孫中山仍然對上帝有信心。

過了幾天，英國僕人柯爾送食物上來，孫中山見他氣質不俗，猜他是基督徒，就與他聊天，「你知道嗎？土耳其有一個國王殺了許多信基督的阿美尼亞人。」

「我知道，我是基督徒，土耳其國王太野蠻了。」

「那麼，你知道嗎？我也是基督徒，回到中國一定沒活路。」

柯爾想起《聖經》之中，使徒保羅曾被關在獄中，夜半之時，保羅唱起聖歌，震動監牢地基，監門全開，鎖鍊鬆開，獄卒立刻率全家信主的一段，他遲疑道：「但是，放你走，違反職責。」

「聽從人，不聽從神，在神面前合理不合理？」孫中山引了一段《聖經》，柯爾就把孫中山的求救名片，悄悄送給了康德黎。

康德黎正在著急，得意門生失蹤了，接到信息，馬上展現英國諜報員般的迅捷反應，立刻派出親友，分別看守公使館幾個出口，慎防貨物運出。同時報警，警方不理會，他又到了報社檢舉，報館人員先是不敢相信，後來發現康德黎是醫學院教授，倫敦地球報遂在報上，大標題刊出孫中山先生被囚於中國公使館的消息，引起英國朝野注意，向龔照瑗公使抗議。

二十三日下午，中山先生在警察保護之下，戲劇化地自公使館釋放，歐洲大報爭相報導。譽之為「亞洲革命領袖」。倫敦蒙難，反而成為化妝的祝福，免費為中山的革命打出宣傳，其後，中山的海外宣揚革命多在教堂，許多資助革命的，也是基督徒。

一直到今天，許多人去倫敦觀光，仍然可以看到當年孫中山做禮拜的老教堂，也能體現孫中山自己所稱的「天父大恩」，「亡羊復獲」，上帝的手，總是很巧妙地，保護著祂的孩子。

20. 順天者存

先講一則有趣的小故事：

現代人平日生活富足，春節期間總愛端上「佛跳牆」，顯現豐裕，佛跳牆來源說法不一，最著名的是，清朝末年，福州官員家中設宴，以十八種主料、十二輔料山珍海味聚集一甕。

其後，官員開設餐館，當文火慢燉，甘醇鮮美的壓軸大菜一掀鍋，老饕興奮莫名，遂有一文士吟詩道：「罈起葷香飄四鄰，佛聞棄禪跳牆來。」

中國人總是偶爾喜歡開開神仙的玩笑，神佛既是人變出來的，當然也熱愛美食，平添親切與可愛，無傷大雅也。

但是，對於老天爺，誰也不敢隨便造次，天只有一個，公正嚴明，包青天就贏在一個「天」字。

從周朝開始，皇帝被稱之為天子，唯有皇帝可以祭天。漢朝董仲舒提倡天人合一，一方面是抬高皇帝的威權，天子，上天之子也，一方面，也壓一壓皇帝的霸氣，提醒手握無限大權的皇帝收斂節制。

其實，皇帝自稱為天子，是自己封的，假藉天之名。

真正的天子，應該是耶穌。信耶穌的人，藉著耶穌的寶血，洗淨罪惡，懺悔改過，也能認天為父喚聲阿爸，所以每個人都能成為天子。將來還可以得到永遠不壞的身體。人死可以復生。

當然，在舊約時代，還沒有這一種天父的觀念，讓我們回到舊約，看一看，上帝如何訓練希伯來人成為新的民族、高素質的民族，尤其希伯來人經過四百年的奴隸生活，深受埃及影響，不像中國人，了解天具有崇高的地位，耶和華神格外要大費周章，特別地調教一番。

耶和華神在山上呼喚摩西，對他說：「你們若是實實在在聽我的話，遵守我的約，你們就是我的子民，因為全世界都是我的，你們要成為神與人的中介，成為聖潔的國民。」

「摩西，你去把這些話，轉達給以色列的長老們，再讓長老傳到基層。」

摩西立刻照辦。

百姓也異口同聲回應：「凡耶和華所說的話，我們都一定遵行。」

百姓既不敢不聽，也不真的完全明白，聖潔是什麼意思，聖潔（holy）是屬上帝的，不只是最高道德標準，也是如神一般，完全沒有瑕疵的，這是一種永久的追求過程。聖潔不同於純潔，純潔是單純、善良、可愛，沒有沾染社會不良習氣。

一直到八十歲，摩西還仍是可愛的純潔青年，雖然耶和華神選他當頭頭，讓他成為表率，但是，神還要把摩西磨為聖潔。

摩西回了耶和華神的話，耶和華又有新的命令：

「摩西，我要在厚厚密密的雲層之中，臨到你那裡，這樣我和你說話的時候，老百姓可以聽見，也可以永遠相信你。」

哇，耶和華神要親自跟百姓說話了，天要開口了！

上帝又有新的命令：「你去叫百姓今天明天自潔，洗衣服，第三天我要降臨在西奈山上。」

所謂自潔，最主要的是，去除內心一切骯髒不潔的心思，但是，這個時刻，希伯來人還不明白，就從具象先來，第一不可親近女人，然後洗淨衣服，曠野全是灰塵，其髒可想而知，也很奇妙，那一刻，上帝一定讓他們有水源可以使用。

中國古代皇帝祭天之時，必先齋戒沐浴，吃素，戒女色，洗澡，意思差不多，都是代表一種慎重與嚴肅。

上帝還有更厲害的一著：「摩西，你要在山的周圍定下界線，警告百姓，大家不可上山，不可摸山的邊界，否則，犯下滔天死罪。」「你們執行死刑的方式，得遠遠用石頭砸死他，或用劍穿透，無論誰挨近死犯，沾染禁忌，一併處死，包括牲畜在內，只有角聲拖長之時，百姓才可到山腳下來。」

這幾道命令十分嚴峻，眾人都愣住了。

到了第三天早晨，西奈山上開始打雷，電光一閃一閃，整片全是烏雲，角聲嘶吼，上帝果然親自開口了。

摩西率領百姓出了帳篷，敬畏迎神，肅立山下，整個山彷彿燒窟一般，摩西向山發話，上帝在山上呼召摩西，摩西上了山。

耶和華再次警告摩西：「你下去，吩咐百姓，不可隨便闖上來，免得死亡，還有，親近我的祭司，更要自潔，免得我忽然出來擊殺他們。」

摩西說：「西奈山是聖山，我已經充分告知。」

上帝為何如此嚴峻？

譬如一個小孩子，看到火光紅豔，十分好奇，想要湊上去玩，父母著急，用力拍小孩的手：「你要找死啊？」孩子無知，只覺得父母未免太兇了一點。

上帝是烈火，要燒盡一切不潔的，人被撒但引誘，天天想犯罪，稍微一鬆懈，很容易受到試探，或在金錢，或在色慾，或在疾病軟弱，一下子就離開天道，如果一個人自以為「天不怕地不怕」，就是他不怕老天爺，那麼很快惹禍上身。

每每有人貪污落網，新聞媒體報導，風水先生老早預言，今年運勢不佳云云，其實，誠如孟子所言，順天者存，逆天則亡，上帝就是怕人們誤犯天條，不得不事先再三警告。

敬畏耶和華是智慧的開端，慎之慎之，起心動念，上帝到處布滿監視器啊，可敬可畏也。

21. 血約

「摩西，你上山來。」

只要上帝開了口，摩西立刻一馬當先上了西奈山。所謂一馬當先，摩西並沒有騎著駿馬飛奔，而是以效犬馬之勞的精神，乖順聽命於耶和華神。難怪上帝選中摩西，他真是忠心可愛。

西奈山究竟在哪？有人說，在阿拉伯西北部，阿卡巴灣附近；或曰在西奈半島北部，加低斯附近，最被大家公認的位於西奈半島南端，耶伯莫沙高峰，海拔七六四七公尺，稱之為摩西山。

摩西山，正確位置不是重點，重點是這些山全部一樣，都是車馬無法上去，沒有山路，一塊一塊巨巖堆積而成，有人算過，山腳到山頂，徒步三千多石塊，高挺峻峭，山腳與平地劃分得一清二楚，難怪上帝選中這兒君臨天下。

其後，上帝對摩西說：「你與亞倫、拿答、亞比戶以及以色列七十長老到我這裡來，不過，他們都只能遠遠下拜，只有你一人可親近我。」「不過，我要把賜給你的靈，分一些給他們，讓他們幫你分擔責任。」

辛苦的摩西，不斷上上下下。他領受了上帝一切的規矩、命令、典章，一一告訴百姓，大家齊聲回答：「耶和華所吩咐的，我們必定遵行。」摩西生怕大家忘記，一一詳細寫下來。

第二天一早，摩西在西奈山下，築了一座壇，豎立了十二根柱子，做為見證，十二根柱子代表十二支派，不僅象徵神與以色列的關係，十二支派之間也有如中國人所謂的結金蘭之義。

接著，摩西打發以色列中的少年人，獻上燔祭，燔祭是把整個祭牲都焚燒獻在壇上，一點兒也不留下，表示全都歸耶和華，又殺了牛，做為平安祭。

摩西是立約大典的主持人，他站在上帝與人中間，在上帝面前代表人，在人面前代表上帝，所以他是神人。

他把一半的血，盛放在雙把手的大口深盆之中，先留著備用。再把一半的血，灑在壇上，這是代表上帝接受了人民的獻祭。

灑血對中國人來說，並不陌生，所謂歃血為盟，古時盟誓，以牲畜血塗在口旁，稍微吸著，表示誠意。中東一帶的人，則將彼此的血，滴在共同容器之中，表示以生命換帖。

好，上帝這部分完成了。

摩西再度拿起昨天的約書，當眾朗誦一遍，百姓又大聲複述：「凡耶和華所吩咐的，我們都必遵守。」

這時，摩西把盆中的血，灑在百姓身上。這是新生命之約，不是普普通通做買賣之約，以色列民渴求耶和華的保護，也都心甘情願的立約。

血約既成，西奈山頂，似乎是上帝的腳下，彷彿鋪滿了藍寶石，如此湛藍，如此乾淨，如此亮麗，眾人高興地在山腳之下，又吃又喝，心情舒暢。

不久，耶和華又對摩西說：「你來，到山上來，和我住在一起，我要把石版，以及我寫的律法，誡命，一起賜給你，你可以拿去教訓百姓。」

於是，摩西帶著助手約書亞起行，出發之前，摩西交代：「你們在山下等我，凡是有什麼爭訟之事，大家可以去問亞倫與戶珥。」

「沒問題。」

於是，摩西、約書亞上了山，雲彩圍繞，過了六天，到了第七天，上帝從雲端呼喚摩西，摩西對約書亞說：「你就在這兒等我。」

「是的。」約書亞認真地點頭。

摩西頭也不回，進入雲中，《聖經》的前面五經，〈創世紀〉、〈出埃及記〉、〈利未記〉、〈民數記〉、〈申命記〉合稱為摩西五經，由摩西所寫，其中最常出現的一句話是：「摩西就照耶和華所吩咐的行了。」摩西永遠忠心耿耿，聽命於耶和華。

約書亞則是，凡事摩西作主，當他率軍與亞瑪力人爭戰之時，摩西在山上舉手，他就一路贏。當摩西累了，雙手下垂，他就潰敗，約書亞知道，他少不了摩西。

摩西進入雲中，他站在原地守候，從白天到夜晚，摩西沒有回來，不僅是「千山鳥飛絕，萬徑人蹤滅」的孤寂，天黑了，四周只有冰冷的大石塊，約書亞打了一個寒顫，約書亞開始害怕。

第二天，第三天……一個月過去了，約書亞望眼欲穿，摩西還是不見蹤影，他心裡著急萬分，怎麼辦呢？耶和華沒有命令，他可不敢往前尋找摩西，那個時代又沒有手機，不能通話，不能簡訊。

約書亞也很想趕快下山，回到亞倫、戶珥希伯來群眾之中，至少人多壯膽，總比他一個人，孤零零吊在半空之中好，但是，他答應過摩西，守在原地，即便是死在半山中，也是他的責任，約書亞一動也不敢動。

有的時候，上帝就是故意把我們認為可靠的事物移走，唯其如此，人們才會依靠看不見的上帝。於是，約書亞開始觀察雲柱，真的，奇妙雲柱白天遮住熾陽，讓山下希伯來人民蔭涼，夜晚，帳篷上面有火柱，暖暖保護大家安然入睡，約書亞從山上俯視火紅的，上帝的火爐，感覺到自己與神有進一步關係。

反正動也不能動，約書亞調勻呼吸，與其用焦急的眼光，擔憂充滿變數的未來，不如回顧過去，從埃及十災以來，上帝如何負起責任照顧子民。

耶和華神是常勝將軍，慈愛的父親，約書亞相信，神與他立了血約，神會負責任到此，不怕，不怕，他有安穩的靠山。

22. 三人成虎

在學生時代，大家都有過這樣的經驗：老師臨時開會，離開教室。有的同學安靜習課，也有的同學馬上喧鬧，一刻也無法收斂。

莫說孩子，成人也是如此，主管在時，努力奮發，沒有人監督之時，玩手機，開小差，所在多有，幾乎人人都會犯錯。

這一回，上帝告訴摩西：「上山，住在這兒。」顯然要多耽延一段時日，也許，方才立了血約，上帝也要考驗一下大家，當摩西不在之時，希伯來人民的表現如何，就像有的小學老師，會故意躲起來，其實是藏身某處，暗中察看小朋友的品行如何。上帝是不打盹、不睡覺、不必休息的，但是，希伯來人還沒有這樣的警惕。

剛開始之時，個個戒慎恐懼，一如摩西在時，他們實在很怕上帝，曾經一起央求摩西：「摩西啊，耶和華神有什麼話，就直接告訴你，你再轉告我們，千萬不要害我們與神面對面，我們小命難保。」大家都慶幸有摩西當代表。

做領袖的，第一個條件就是勇敢，人類天性，對未來不可知的，感到畏懼，天塌下來，有高個兒的擋，摩西就是那個高個兒。

二百五十萬人，當然每一個希伯來人想法不一，有掛心摩西安危的，也有如可拉一般，平常就愛發怨言的，看著摩西不在，開始動起歪腦筋。

《聖經》上有一句話：「天無異象，民就放肆。」意思是說，天上沒有出現特殊的現象，人們就開始放肆了。

亞倫是副座，也是摩西的哥哥，當初摩西以口齒笨拙，不想接下上帝的任務之時，上帝曾說：「你哥哥亞倫不是挺能言善道的嗎？」事到臨頭，亞倫惶恐，領袖可不是專靠嘴皮子的。

十天二十天過去了，摩西不見蹤影，到了三十天，更讓人們害怕，不知是誰，開始放話：「摩西死了。」並且跑去告訴米利暗、亞倫「摩西死掉了。」

「不要胡亂隨便開口，上帝要摩西帶我們到流奶與蜜之地，他怎麼會死掉。」米利暗極為不悅。

第二天，又有人言之鑿鑿對亞倫說：「摩西肯定餓死在西奈山。」

「閉上你的烏鴉嘴。」亞倫把這個人轟了出去。

「嗚嗚，摩西死了，我們完蛋了。」第三天，來了一名婦女，抽抽泣泣，「摩西，我愛你，你為何離棄我們死掉了。」

亞倫不能禁止她預先哭喪。但是，心中也有隱隱不安，摩西啊，你真的死了嗎？那麼，接下來，該怎麼辦？

亞倫的這種心理，恰如中國成語中的「曾參殺人」。

曾參曾子也，孔老夫子的大弟子，曾子傳子思，子思傳孟子，承先啟後之聖賢，四書之中許多金言出自他口中，例如曾子曰：「吾日三省吾身，為人謀，而不忠乎，與朋友交，而不信乎，傳，不習乎。」

這句話的意思是說，我每天必拿三件事向自己切實反省，我為人做事，是否忠實地盡了自己的能力？我與朋友相處，有沒有不誠信的地方？老師傳授給我的學業，我可曾用心研習了？對半導體極有貢獻的張忠謀，他的名字當出於此，他也的確忠心謀畫，成為受人尊敬的企業家。

以曾子之德，竟然被傳為殺人犯，未免離譜，這則故事記載於戰國策之中。

春秋時代，有一個名叫曾參的殺了人，消息傳到曾子家鄉，他們並沒有考慮到，是否是同名同姓的另一人，馬上到處傳說：「出事了，我們竟然有子弟在外鄉殺了人，還是曾參哩，平日看他循規蹈矩，竟然會做出這種事，知人知面不知心。」

立刻有多事之人，跑來飛告曾母：「不得了，曾參在外鄉殺了人。」

「不可能的，我兒子是最好的兒子，他老師眼中最優秀的學生，怎麼會殺人？別開玩笑了。」

「誰跟妳開玩笑，是目擊者親眼看到曾參殺人，他又親自告訴我隔壁的鄰居。」

曾母一向以兒子的榮，她頭也不抬，繼續織布：「我的兒子，我清楚。」

不一會兒，又來了一個人，跑得上氣不接下氣，認真地報訊：「曾參殺人了，他一定有原因才動手的，妳可得鎮靜，妳要堅強活下去啊。」

曾母穿梭引線，安安靜靜忙著手上的工作，極有把握地說：「你們一定是弄錯了，我生的兒子，我還不知道嗎？這個孩子比誰都乖。」

「難講噢，我是好心告訴妳的。」

沒多久，來了第三個報信者，他斬釘截鐵告訴曾母：「殺了人，可是要連坐的，你們曾家的人，一個也跑不掉，妳還是收拾東西，躲起來吧。」

曾母立刻下了決心，扔掉手中的梭子，關上院子大門，抬起梯子，越牆而逃。人言可畏，此之謂也。曾參當然沒有殺人，只是謠言一樁也。

同樣的道理，亞倫如果靜下心來，看一看，雲柱仍在，嗎哪依舊照常供應，神的話絕不動搖，上帝既然派了摩西，帶領希伯來人前往迦南，祂豈會食言？謠言是嚇人的，此之謂「三人成虎」，城內本來沒有老虎，由於三個人傳來傳去，使人信以為真。

這就是對神信心的功課了。

23. 狂歡之後

在世界各國，總統府是當然禁區，蓄意衝撞者，必然被法院羈押，美國守衛更會立刻開槍射擊，此乃嚴重的國安事件。

當上帝宣布西奈山為聖山之時，再三嚴正囑咐，不許摸，不可碰，違者治死。摩西為著保護百姓，在山的周圍，仔細設立圍籬，免得百姓誤觸法網。

其實，所有希伯來人都對西奈山退避三舍，躲得遠遠的。上帝在山上顯現的雷轟閃電可怕極了，還是保持距離，以測安全。

對於表象的禁區，人們知道乖乖遵守。但是靈魂中的悖逆，已然悄悄發動。

摩西在眼前之時，他們不敢不聽從上帝代言人的命令，這一會兒，摩西上山，失蹤長達四十天。希伯來人民一方面有群龍無首之懼，另外，也有掙脫框架的喜悅，可不是嗎？在埃及當奴隸悶了四百年，接著，又得事事聽命摩西，如今，總該出頭天了吧。

一群人擁到亞倫身邊，橫眉豎眼指責：「摩西哪裡去了？遲遲不下山，未免太不負責任了吧。或者，領我們出埃及的摩西，不知道出了什麼事？亞倫，你不要傻在那裡，像一個沒事的人一樣，起來，為我們造一些神像吧。」

雖說摩西暫時隱藏，從埃及一路引導他們的雲柱仍在頭頂，每天嗎哪照舊生長。上帝既然派了摩西，把大家帶到迦南美地，耶和華神的話向來不打折扣，亞倫應該大有信心。

但是，亞倫畢竟不是摩西，神是看不見的，人卻是最可怕的，因為人要活在人群之中，亞倫沒有求告上帝，他徬徨不定，他害怕嘈鬧百姓的兇惡眼神。他忘了血約中的「除了我以外，沒有別神。」

在慌亂之中，眾人閃金的耳環，給了他一個靈感：「不然，你們把你們、你們妻子、兒女的金耳環，統統摘下來給我，我就為你們造一個神。」

古代中東地方，甚且現在，他們歡喜戴著金或銀製的耳環或鼻環，對埃及人而言，金子是神明的身體。由於上帝在埃及降下十災，埃及人為破財消災，把這些漂亮首飾都送給希伯來奴隸。

如所周知，希伯來人最重視金錢。因此，亞倫也許還巴望大家捨不得，豈料，眾人爭先恐後，紛紛摘下耳環，頓時，堆成一小山。

這下子，亞倫騎虎難下，只得叫人鑄造雕琢一隻金牛犢。

為什麼是牛？這還有講究，農業國家，崇尚牛力，許多中國人是不吃牛肉的，在印度交通打結，往往是「聖牛」漫步過街，民眾兩旁靜候。埃及人不用牛耕田，奉之為神。

埃及人製作了各種動物圖騰，用以表示信仰，動物受到尊敬，並非本身神聖，而是與神聯繫特殊關係。

埃及人把公牛與法老相連，阿匹斯地區的人認為，公牛與獅子一般，代表雄偉的力量，初生之時，披上金色毛毯，有如鳳冠霞帔，公牛稍長，為其挑選幼小美麗的母牛匹配，死後葬禮隆重，而且與法老死後之禮遇相同，製成木乃伊，穿上華服，戴上金面罩，掛上珠寶，放入棺木，安葬在一片神牛公墓之中。

亞倫見金牛犢完工，拍拍手道：「以色列啊，這就是領你出埃及地的神。」

亞倫的意思，可能是天真的認為，公牛既可代表法老，當然也可以做為上帝的象徵，因之在牛犢面前築壇，並且鄭重宣告：「明天我們要在耶和華面前守節。」

第二天一大早，百姓聚集在金牛犢面前獻祭，膜拜，真把金牛當成領他們出埃及的神。任何泥雕木刻之像，如果有人供奉，就會惹來邪靈，與人們心中以為拜的神，並不見得相同。

公牛原有多生產、多淫慾之意，百姓們歌唱著，跳舞著，被邪靈蠱惑著，一面吃吃喝喝，接著，不由自主地男歡女愛，摟抱嬉戲著……

色魔纏身之事，不僅出現在古老《聖經》之中，現代社會亦然，例如自一六四一年起，首先在薩爾瓦多出現的嘉年華會，以致今天相沿的巴西里約市的嘉年華會……

每年大會開始之前，市長會把市鑰交給象徵著多夫多妻，縱樂荒誕的摩莫王，表示這段期間，市長休假，淫摩掌權。

接著，狂歡的歌舞表演，男男女女都穿著極少的衣服，貼身演出森巴舞，舉辦俱樂部舞會，嘉年華會大遊行，全程以豐富華麗的色彩、瘋狂亢奮的熱情貫穿。

最重要的是，一切一切的倫理規範，去他的，只要我喜歡什麼都可以，從亞當夏娃之後的罪，一古腦傾洩而出，處處上演一夜情……一日情。

每年巴西嘉年華會結束之後，除了滿地的垃圾，還製造許多私生子，以及注定不懂負責任的未婚父母。

《聖經》上說，「保守你的心，勝過保守一切。」當心一偏，行為也跟著傾斜。這時的希伯來人，還是不自覺接受埃及多神觀念，而且以為「多拜多保佑」。真的嗎？

24.天不老情難絕

宋朝張先有一首詞，充分描繪了「情」字磨人：「天不老，情難絕，心似雙絲網，中有千千結。」形容滿懷深情的一顆心，就像兩張蜘蛛網，交織重疊，夾雜著不可計數的盤根錯節。

張先描寫的是男女情愛，卻也是上帝對世人難以斷絕的深情，或許有幾分類似為人父母望子成龍的心理吧。

這一會兒，上帝的心，彷彿一張破碎的網。我們都常有天不如人意之憾，殊不知，上帝更有人不如天意之惱。

上帝才剛剛與希伯來百姓立下血約，親自手指寫字，把最重要的十誡，寫在石版上。山下的百姓就開始造反了。真真是可惱。

不信上帝的人，常常會譏刺：「把上帝請出來，讓我親眼看到，我才會相信。」《聖經》之中希伯來人的經驗說明，人看不見上帝，上帝卻連人的一舉一動，一思一念，完全一清二楚。

因此，希伯來人狂歡縱慾的醜態，完全看在上帝眼中，這一種墮落，正如同鄉下地方，喜歡雇請電子花車脫衣舞女，穿梭於婚喪之中，也是中國人所謂的「萬惡淫為首」。

上帝原希望，以色列人民脫離埃及奴隸轄制之後，可以因為感恩，樂意遵行神的規範，誰知，轉眼之間，立刻公然毀約，而且竟然還以為能瞞過上帝。

耶和華神吩咐摩西說：「算了，你下去吧，你的這些百姓敗壞了，他們竟然這麼快偏離了我的道，自己鑄了一隻金牛犢，向牛下拜獻祭，還說這牛就是領他們出埃及的神。」荒唐之至。

上帝失望透頂，覺得花在他們身上的心血白費了，氣憤地說：「摩西啊，我看這百姓一個個頑梗硬頸，你且由著我，我要向他們發烈怒，把他們完全滅盡，讓你的後裔成為大國。」

在挪亞方舟時代，因為人心敗壞，上帝曾以洪水湮滅全地，只留下挪亞及一對對動物，由於挪亞一家八口人，因此有人說，中國字的「船」就是一舟八口，紀念這一段史實。

摩西心裡面萬馬奔騰，儘管他們是如此不成材，摩西還是愛著他們，也體會上帝愛世人之深之痛，因此，趴在地上，苦苦哀求道：

「耶和華啊，不要這樣啊，祢為什麼向老百姓，大發脾氣呢？這可是祢用大能大力的手，把大家自埃及地給領出來的啊，為什麼要讓埃及人私下議論紛紛，原來上帝把他們從埃及地領了出來，是要降災禍給他們，把他們殺在山裡面，從地上除滅。」

耶和華不作聲。

摩西又繼續誠懇地哀求：「耶和華啊，求祢紀念祢的僕人亞伯拉罕、以撒、雅各，你曾指著天空起誓，我必使以色列的後裔，如同天上的星星一般多，且要賜給應許之地為業。」

上帝本來就是「滿有慈悲憐憫的上帝」，「不輕易發怒，且有豐盛的慈愛和信實」，聽了摩西一番話，啊，到底還有一個摩西，讓上帝的心裡得到安慰，勉強壓住了怒氣，對摩西說：「好吧，你下山去處理吧。」

現在輪到摩西火大了，如同一名學生犯了大錯，家長代向校方求情，學校看在家長的情面，體會為父心腸，網開一面，父母回家，不得不狠狠處罰孩子。

摩西氣沖沖往下奔，呆呆的，傻傻的，乖乖的，忠心不二守在半山，足足熬了四十天的約書亞，望眼欲穿終於盼到摩西，高興得像小孩子看到媽媽一般，揮著手跑了過來。

摩西望著約書亞，感受到他善良坦白，志不在於權位，而在乎於靈魂聖潔，確是值得一起奮鬥的夥伴，心中得到安慰，張開雙臂，緊緊地用力地互相擁抱：「我們趕快下山吧。」

憋了四十天，終於等到摩西，約書亞對摩西說：「山下傳來百姓呼喊的聲音，好像發生了戰爭。」

摩西難過地嘆氣：「這個啊，既不是打勝仗的聲音，也不是打敗仗的聲音，這是人沉溺於狂歡之中。」

二人快速下山，快進營前，遠遠看到了，百姓造了一隻金牛犢，狂歡地，沉醉地跳舞，彷彿吃了迷幻藥一般，吃吃地笑著，凌亂地左右舞動……

摩西真的生氣了，如同硫磺的濃煙，從火山之中奔騰直冒，板起莊嚴惱怒的臉，將手上上帝親手寫的兩塊石版，用力往地上一摔，哇，破掉了，摩西的心也碎了，這些百姓如此不自愛。

百姓們錯愕地望著摩西，嚇得停止了狂歡，臉上露出的表情，好像是看到航空飛機空難喪生的死人，忽然從墜機的海裡又冒了出來，以為見到了鬼。

「摩西，你沒死。」摩西的姐姐米利暗衝了上來，發現摩西的臉鐵青得可怕。

希伯來百姓既然毀約，上帝手寫石版約，自然形同廢棄，因此有人說，摩西不是生氣，摩西向來謙和，只是如同現代人用手把約給撕了。

摩西當然是生氣了，上帝如此生氣，氣到要把整個以色列民族滅掉重來，摩西再要溫文儒雅，讓百姓不知警惕，那真的要走向滅亡之地。

《聖經》上說人要「快快地聽，慢慢地說，慢慢地動怒，因為人的怒氣並不成就神的義。」不表示永遠不生氣，這一回是上帝要摩西嚴厲管教百姓。

25. 罪與罰

基督徒經常自稱為罪人。禱告之後，總要加上一句：「主啊，求祢赦免我一切知道或不知道的罪，不讓罪阻斷了神所賜給我的恩典。」

所謂的罪，不是指法律上的，良心上的，而是從上帝的標準判斷。

亞倫，毫無疑問犯了罪，他抗拒不了百姓的嘈鬧威脅，命人雕琢了一隻金牛犢，百姓就把金牛犢當成領他們出埃及的神，向他獻祭，且以敬拜生殖之神的歡樂濫交形式，發洩狂歡。

如果說摩西是飛機正駕駛，亞倫就是副駕駛。摩西暫且離開，副手接替，竟然就偏離航道，差一點全機摔入海洋，全部罹難。

摩西怒責親哥哥亞倫：「這百姓做了什麼，你怎麼讓他們陷入大罪之中？」

亞倫哀求道：「我主息怒，這些百姓專門作惡，你是知道的，他們對我說，摩西不知發生什麼事，你為我們做一個神像引路。我要他們摘下耳環，然後我將金環投到火中，牛犢就自己跑出來了。」

亞倫情急之下，編出的謊言太離譜了，想要推卸罪，馬上又犯一罪，罪上加罪。

摩西不吭聲，把這隻神明金牛犢用火給燒了，磨得粉碎，撒在水面上，嚴厲地喝斥大家：「喝啊！」

中國古書曾載吞金自殺，金子是不能吃的。大家左看右看，勉強用手捧了一點水，象徵性沾沾嘴唇。

「這個玩意可以保護你們嗎？」摩西提高了聲音。

眾人眼神茫然，似乎還是不明白犯了錯，不知道自己是屬於耶和華神的，不可與邪靈相交。

摩西發出口令：「凡是屬於耶和華的，全部聚集到我這裡來。」

於是，利未族的子孫都聚攏前來，顯現他們都是忠心事奉上帝，對上帝特別忠心的，別忘了摩西的父母也是利未人。

「你們各人把刀跨在腰間，六親不認，殺死弟兄、同伴、鄰舍。」摩西斷然下了鎮壓令。

那一天之中，百姓共有三千人被殺。全是參與動亂的。

一天當中，營區全是哀號悲鳴，哭聲綿延不絕。處罰開始了，眾人也懂得懊惱後悔了。

摩西最為傷痛，卻不能不開殺戒，他沉著聲音說：「你們，犯大罪了啊，知不知道？我現在要上耶和華那裡去，或者，可以為你們贖罪。」

摩西又風塵僕僕上了山，上帝有公義有憐憫，罪若不罰，何以維持公義於不墜。然而何謂公義？自從亞當夏娃吃了「分別善惡樹」的果子以後，就自比為神，從自己角度詮釋善惡，天下大亂。

或許，我們可以從俄國大文豪，杜斯妥也夫斯基（一八二一～一八八一）的世界名著《罪與罰》之中，一窺人性中的罪惡。

《罪與罰》的主角——拉斯柯爾尼科夫是大學法律系的學生，聰明、優秀，卻也貧窮、孤獨。他離群索居，賃居在彼得堡窄小房間之中。靠著一丁點東西，典當過日。當舖老太婆苛刻、小氣、放高利貸，他認為老太婆是「專門吸人血的臭虱子」。

拉斯柯爾尼科夫的錢花光了，被迫休學，他的母親妹妹為了籌措學費，妹妹準備嫁給討人厭的魯金，他不喜歡妹妹為他犧牲。

這個大學生認為：「偉人不受道德束縛」，「人為了理想，可以踐踏屍體與血泊」，「拿破崙就是例子」，於是在「七月初，反常熱浪、暑氣逼人，令人窒息的閉悶，一種奇特壓迫感，加上彼得堡獨特夏天臭氣」的情境之下，他用斧頭砍死了老太婆，以及老太婆的妹妹——那個不小心闖入殺人現場，一天到晚懷孕，心智不全的無辜者。

法律系高材生向來最會運用法律，因此，在法律層面，儘管法官懷疑，找不到證據，無罪釋放。

就良心而言，他不想碰偷來的財物，彷彿「拿了一把剪刀，截斷自己與所有人」，但是，他也認為，自己殺了一個放高利貸的，「解決許多人的困境」，「也行了人道主義的義務」。頗有幾分沾沾自喜。

此時，他遇到了蘇妮雅，一個為家庭當了妓女的可憐女子。蘇妮雅雖然命運坎坷，卻是不斷禱告。拉斯柯爾尼科夫嘲笑她：「上帝賞了妳什麼？」

「上帝給了我活下去的力量，永生的盼望。」

蘇妮雅的平靜、純淨，洗滌了尼科夫，他把殺人秘密告訴了蘇妮雅，佳人送了他十字架，鼓勵他自首，他到了警局，承認殺了人。後來被判到西伯利亞勞改八年，蘇妮雅隨同而去，當了裁縫師。

這個主人翁，一向自視甚高。到了西伯利亞，自尊心失落，對蘇妮雅態度粗暴，其他獄友則十分尊敬他。

直到有一天，蘇妮雅大病，他從靈魂中看到，蘇妮雅是其精神依靠，他羨慕這位女子的正直與善良，因此體悟：「啊，妳的信仰為何不能成為我的信仰？」並且決心，用最真摯的愛情，回報蘇妮雅一片真心。

摩西也曾義憤殺人，後來明瞭：這也是罪，《聖經》權威大衛・鮑森有一段話，十分精闢。

「神呼召你與祂一起對抗世界的邪惡，但是這一場戰爭必須從你開始，如果你不願意從自己的生命開始爭戰，神會明白，你不是站在祂這一邊，所以，祂也不會聽你的禱告。」

希伯來人需要上帝支持，才能對抗敵人，但是，他們首先要對付自己的罪，摩西再度上山，為他們贖罪去了。

26. 父親的背影

基督徒常把「平安喜樂」掛在口上，非信徒總是大惑不解，這個世界困難接踵而至，總是不斷有麻煩，難道要一天到晚咧開嘴巴傻笑，假裝一切美好？

此刻的摩西，正承擔著沉重的失望。他愛希伯來人，卻不得不處罰背叛，就地正法三千人。他一面登山，一面擦著掉不完的眼淚，連他的親哥哥亞倫，都會帶頭打造金牛犢，天底下，還有誰可以相信？

殊不知，痛苦本來就是生命的一部分，只有神能把淚水轉變為喜樂，在沮喪、憤怒、孤單、傷心之中，摩西去找天父，是的，只有上帝永遠可靠。

「我要殺掉亞倫。」耶和華疾言厲色地宣布。

「噢，不，亞倫是忠心的，他只是在暴力威脅之下，顯得十分軟弱，而且亞倫立刻就後悔了。」摩西也對亞倫火冒三丈，但是不能不為亞倫求情。

再說，當摩西發出口令：「歸耶和華的人站在一列」之時，亞倫馬上選對邊，與利未人排成一隊，從以往的表現，他也可圈可點。

「哎——」耶和華長長吁了一口氣，露出為人父母，生氣孩子不成材之所謂的「我真後悔生了你。」一般，「你去吧，我會差遣使者，在你面前攆出迦南人、亞摩利人、赫人、比利洗人。一直到流奶與蜜之地，但是，我自己不同你們上去，因為你們是硬著頸項的百姓，我擔心在路上我會把你們滅絕。」

摩西把這番話轉告百姓，並且說：「耶和華還吩咐你們，把身上的妝飾給摘下來。」

「耶和華不要我們了」，百姓哀哀哭了起來，彷彿犯錯的小孩子，不曉得該如何讓父親息怒。低下了頭，把身上的頭飾、耳環、鼻環、項鍊、戒指、手鐲、腳環一樣一樣摘下來，小心放好，自己也懺悔，若非耶和華神，他們還在當奴隸，埃及人也不會把這些精美華貴的首飾給他們送行。

愛美是人的天性，也是神的賞賜，但希伯來人錯在用金飾造了金牛犢，如今悔改了，哪裡跌倒，哪裡站起。

「要是耶和華真的不理睬我們，停止供應嗎哪，我們就慘了。」以拉對希利斯說。

比拿雅接口：「我們一切全靠耶和華，我們一無所有。」

希伯來人三三兩兩討論，心中起了懊悔，所有人的心思意念，耶和華全部了然於心。

一會兒，米施大叫：「快看，雲朵下降了，降在摩西帳幕外。」

天啊，代表天，一直引領希伯來人的雲彩，竟然紆尊降貴停在外頭，彷彿貴客蒞臨。

眾百姓剎那之間，信仰上帝的看到了上帝，一個一個自動自發在自己帳篷前下拜恭迎，人人無不詫異：「怎麼耶和華與摩西對面說話，好像一個人與好朋友交談一般。」

事實上，神樂於與人親近，誰親近神，神就親近誰。

在《聖經》之中，信心指的並非人對自己的把握，而是謙卑柔順地放下自我，甘心情願讓神使用，全然奉獻，讓神透過他，完成神在世界的工作。

摩西正是這樣的謙卑人，因此他再度請求神：「一定和我們一起去迦南。」他就是要耶和華，不要他的使者。

耶和華對摩西也無限憐愛：「好吧，我必親自與你同去，使你得安息。」

摩西很可愛，不只自己得殊榮，他再三為百姓求情：「世界上人怎麼知道以色列人蒙恩，不是祢與我們同去嗎？」

耶和華鑑察摩西內心，知道他沒有半點虛偽，因此答應。「好吧，你這個要求我也准了。」

摩西好高興，放下心中大石頭，對於神，他產生一種強烈的孺慕之心。有人誤以為，舊約中的上帝兇悍嚴厲，新約中的上帝仁愛憐憫，其實，神具備公義與慈愛，只要及早悔改，祂捨不得處罰人的。

摩西想更親近神，所以他斗膽地問：「可不可以讓我看看祢。」

這個請求讓耶和華神為難了：「摩西，你不能見我的面，因為見了我的人都不能存活。」

「不然這樣吧，當我的榮耀經過之時，我把你放在巖洞裡，我用手遮著你的眼睛，等我過去了，我縮回我的手，你就可以見到我的背影。」

就這樣，摩西見到耶和華神的背影，他心頭一震，神的愛，如同盾牌四圍密密保護他，他好幸福。

談到背影，中國人腦海中，馬上浮現民國初年散文大家朱自清（一八九八—一九四八）所寫的〈背影〉，那一句「我最不能忘記的是他的背影。」道盡了多少父子之間，不擅長用言語溝通的情與窘——那年冬天，「祖母死了，父親的差使也交卸了。」「家中光景慘淡」。父親堅持送他到車站，又要買橘子，「可是他穿過鐵道，要爬上那邊的月台，就不容易了。他用兩手攀著上面，兩腳再向上縮，他肥胖的身子向左微傾，顯出努力的樣子。這時我看見他的背影，我的淚很快流下來了，我趕緊拭乾了淚，怕他看見，也怕別人看見。」

「他將橘子一古腦放在我的皮大衣上……等他的背影混入來來往往的人裡，再也找不著了，我便進來坐下，我的眼淚又來了。」

朱自清的〈背影〉，道盡了父愛子的付出與無奈，也描繪了子對父的感恩與不捨，假如他們能與摩西一般，看到天父的無限與大能，人生自會多一分平安喜樂。

27. 萬物之靈

提到摩西，最經典的畫面，就是他髮鬍飄飄，手裡拿兩塊石版，許多基督教國家的法院之中，都有類似的浮雕。

由於希伯來人的放肆，摩西摔壞了兩塊石版，經過一番嚴厲的處罰之後，耶和華又吩咐摩西：「你去鑿兩塊新的石版，明天早上來到西奈山頂，站在我的面前。記住，誰也不可與你一同上山，遍山都不許有人，連牛連羊都不可在山腳下吃草。」

摩西照辦，上帝就用手指寫下了十誡，寫在兩塊石版的正面，並不是每塊石版分刻五誡，而是一式兩分，正如同我們今日立約，雙方各持一份正本。

十誡，希伯來人稱為十句話，這是世界最為古老的律法，寫在三千五百年前，比孔子早一千年，神授律法的基石，今天大多數國家的法律，依照其精神，也存在人的良知之中。

我們甚至可以說，無論個人或人群之中發生任何問題，都可以從十誡之中找到反省的答案。

十誡的重要性，來自它是上帝親筆，上帝是天，上帝是宇宙萬物的創造者與供應者。

慢著，人類不是由猿人演化而來的嗎？我們的課本不是寫著，一九二七年在北京西南的周口店龍骨山發現「北京猿人」，腦容量一〇八八毫升，與猿類相近，為中國人直系祖先之一。

古代的中國人若是聽見這種說法，一定會大搖其頭，人類豈可與禽獸相提並論，今天的科學家也許可以量一量猿人頭蓋骨大小，猿人也可吃香蕉，模仿穿衣吃飯，沐猴而冠，但是，從來沒有任何一則文獻，證明一群猿猴可以與人類一般，過著有秩序，有道德的生活。

人就是人，在梁實秋教授翻譯的《哈姆雷特》第二幕中，莎士比亞寫著：「人是何等巧妙的一件天工，理性何等高貴，智能何等廣大，儀容舉止何等的勻稱可愛，行動這麼像天使，悟性多麼像神明，啊，真是世界之美，萬物之靈。」

只有人類，會為了愛為了榮譽，為了形而上的理由，趨苦避樂，主動受苦受難，例如中國古代許多忠臣。

台灣山區有一果園，近年來飽受猴害，一群小猴兒蹦蹦跳跳，奔下山頂，吱吱呀呀混了進來，抓毛搔癢，攀枝嬉鬧，小猴最愛，就是左右腋下，各夾一根香蕉。牠翻一個觔斗，再折一根香蕉，原來的兩根就爛在地上。

如此這般，玩耍一陣，稀稀沙沙到處撒一泡猴尿之後，喜孜孜地跑光了。

主人回來一看，氣急敗壞，整個香蕉園全毀了，恨聲訴苦，「這些猴崽子，吃幾根也就算了，就像遊客採草莓玩耍，怎麼把我心血全糟蹋了。」

保育專家說：「這是稀有品種，牠是猴子，你要怎麼教牠？」

是啊，即使如吳承恩筆下那隻孫悟空，在西遊記之中，也得替唐僧準備緊箍兒，否則治不了齊天大聖。

然而，自從演化論興起，許多動物學家，企圖在動物身上，表現人類的感情與行為。也許某一隻神豬會算術，又有一隻小貓會笑，擬人化的卡通之中，豬小弟、熊小寶、象媽媽、兔寶寶可愛得不得了。

在《聖經》之中，人與動物相似，卻是截然不同。人們應該愛護動物，小狗生病，主人當然可以為牠禱告，但是，小狗喜歡親近主人，卻不可能和人一般禱告，因為神造出野獸、牲畜，都讓人來管理牠們，只有人類是神按著自己的樣式造的。

當人類與動物的界線，愈來愈混淆之時，小嬰兒與小狗同一髮型，同一裝扮，同樣惹人憐愛。人與狗互相認同之後，尤有甚者，人類開始在動物身上尋根。

於是，人們自比為都市叢林，許多社會心理學家，更嘗試著，自動物社會了解人類心理。

——由於兩雞相鬥（例如泰國鬥雞），必咬死對方，兩狼對抗，也許饒過對方，因此產生一派行為學上的理論，缺乏尖牙利嘴者，必置對方於死地，以求自保也，人類也缺乏尖牙利嘴，所以人與人鬥，優勝劣敗，適者生存，不足為怪。

——或如北歐日本皆有人提倡裸體合法化，因為動物界皆裸體，看多，厭倦，不因好奇犯罪，自可阻止性騷擾等問題。

——或有人認為，婚姻之中，問題叢生，不如野生動物園之中，公獅母獅來去自如，反而無拘無束，追求多元價值，這也正是性病猖獗、愛滋病發生主因。

中國人批評禽獸不如，是最壞的貶辭，人們不能因為動物也會感冒，會腎結石一體視之。

人的身上雖然沒有獸性，而有罪性，自從亞當夏娃吃了分別善惡樹的果子，被撒但引誘，漸漸墮落。

人若是偏離神道必心中不安，常誤以為外界的壓力，造成不被諒解的痛苦，其實，違反天意，自然會退縮，恐懼，挫敗，不敢承認，亞當夏娃犯罪之後，第一個念頭是看到自身羞慚，趕快躲起來，沒有辦法，這個世界原是上帝決定對不對。

聰明的中國人，老早了悟這層道理，人是萬物之靈也，《聖經》上也說：「耶和華神用地上的塵土造人，將生氣吹在他鼻孔裡，他就成了有靈的活人，名叫亞當。」

當一個人認為自己是神造的，他才會渴慕了解神的話語。

28. 生命手冊

「老天爺啊……」中國人在恐懼、失望、擔憂，滿腹冤屈，不便開口……等等困窘之時，自然而然會呼天，這一剎那覺得，誰都幫不了他，唯有上天。誰也不能了解他心中這分苦楚，「知我者其為天乎？」

有趣的是，誰也沒有看過天，卻深信不疑，危險的時候，雖然也會叫一聲「我的媽啊」，媽媽儘管會為孩子奮不顧身，到底只是血肉之軀，媽媽同樣要靠天佑。

《聖經》中的上帝，正是人們心目中的老天爺，天是不讓人看的，一如中國人的理解。有意思的是，既然是老天爺，還加上一個爺字，所以應該是有威嚴的男子形象，一如《聖經》中所言：「上帝照著自己的形像造人，也就是人長得像上帝，上帝的樣子與男人差不多。」

老天爺既然什麼都知道，不管你高興與否，任誰對天都是敞開的，天成為一股力量，一個證明自己清白的明證，當然也是做壞事時，可以處罰人的法官，所謂

「天打雷劈」，即使人們心中不滿「怨天尤人」之際，仍然相信有一個天存在，祂是有位格的。

每個人心中，都有許多偷藏的秘密，只有「天知道」。

中國人從來不認為，自己祖先是猿猴變的，人是天生的，詩仙李白在〈將進酒〉中自謂「天生我才必有用」，人們也認為，老天爺如果沒有降下孔子，整個世界都漆黑一片：「天不生仲尼，萬古如長夜。」

既然神造人，知人莫過天，天知道人的優點缺點，善念，惡念，也知道人類該如何發揮才華，避免撒但魔鬼的引誘。因此，上帝藉摩西頒布十誡，這不只是希伯來人，且是人類都該遵守的準則，生命手冊。為的是保護，一如新的手機使用之前，人們最好細讀說明書。

第一條：「除了我以外，不可有別的神」。

許多中國人，無法相信基督教，因為這一規定就卡住了，噢：「這麼霸道？就祢是皇帝，這世上明明有許多神，多拜多保佑。」

如果知道上帝就是老天爺，人是祂造的，「天生萬物以養人」，宇宙萬物全是祂造，當能了解東漢許慎《說文解字》對天的解釋，「至高乎上」。傳統的中國人，雖然拜遍神明，依舊深信「謀事在人，成事在天」。古代只有皇帝有資格拜天。

有人說，萬法歸宗。因此世界還有回教、佛教、其實，穆罕默德只謙稱先知，釋迦牟尼從未自稱神，只言自己是「悟道者」，孔子更不是神，他自稱「若聖與賢，則吾豈敢。」

人類基於安全感，渴望有神來幫助自己，因此人造神絡繹不絕，個人自一身角度投射，製造神明，一心效法關公正義者，膜拜關帝像，綠燈戶希望人人如豬八戒好色，因此拜豬八戒。任何像拜久了，自有靈異附著其上，人們佩服顯靈。然而拜觀音，並不保證上面附的靈是觀音，邪靈害人，在希伯來鑄金牛犢，落入「性派對」就是最明顯的例子。

所以，十誡的第二條「不可為自己雕刻偶像，也不可作什麼形像，彷彿上天下地和地底下，水中的百物、不可跪拜那些像，也不可事奉他，因為我耶和華是忌邪的，恨我的我必追討他的罪，自父及子，直到三、四代，愛我守我的誡命的，我必向他們發慈愛，直到千代。」

在泰北非洲，許多落後的小村莊，往往拜最多種類的各種神像，琳琅滿目擺滿牆壁，卻是愈拜得雜亂，日子愈發悽慘，處處邪靈，民不聊生，上天為了寶貝人類，才有此誡命存在，畢竟大鬼雖然可以趕小鬼，大鬼還是個鬼。

上帝不許人們製造偶像，包括不許以上帝為偶像，中國人從來沒有見過天，也不知道天長什麼樣子，天就是天，可敬可畏可親可敬。

但是人們總希望看見具象的，可見，可摸的，可以指示吉凶禍福的，除了雕塑木雕的，又自個發展不同的天象指導。上帝命令亞當為動物命名，卻沒有指示他為星象命名，當人們發展出星象學之後，許多人每日出門必看今日運勢如何，甚且交友結婚，也拿出一本星象大全，成為現代八字學。聰明智慧的資優俊彥，就牢牢被套入星座框框中。

偶像可能是政治強人、運動明星、影帝歌后，任何人被神化之後，對自己、對崇拜者，正是災難的開始。金錢、性慾、學位、職務都有可能成為膜拜的偶像。

《聖經》上有一句話，值得我們玩味：「以別神取代耶和華的，他們的愁苦必加增。」這裡的神，不只是其他神明，有的父母以孩子為最大，奉之如神，視之若寶，孩子成為偶像，雙方苦不堪言。

這不是說，神居首妻子第二，孩子居三，事業第四位，而是在每一種關係之中，以神意調整自己，那麼每一方面圓滿喜樂。上帝成為最高指導原則。

上帝竟然會「父仇子報」嗎？太不公平了，事實上，神的眼中，人人是兒子女兒，沒有孫子孫女，每一個人都要單獨與神建立關係，這兒的誡命，乃是提醒為人父母，建立好榜樣。

在事實層面，性病、愛滋病害下一代身體。在生活上面：酗酒、嗜賭、家無寧日，孩子痛苦，罪的種子，代代相沿，禍延子孫。

中國人說：「積善之家必有餘慶，積不善之家，必有餘殃。」誠哉是言也。希伯來人往往不敢開口稱耶和華，只敢稱天啊，主啊。我們企求天賜福，需要了解什麼才是「耶和華眼中為正」的，這才能討神喜悅，萬事亨通，比拜什麼都強。

29. 假冒天意

義大利梵蒂岡向來是觀光勝地，這是羅馬天主教中心。建於其中的聖彼得大教堂，巍峨壯觀，可以容納六萬人，乃世界最大的教堂。那莊嚴肅穆的儀式，金碧輝煌高大的廳堂，讓人們由衷感到聖哉聖哉，神聖不可侵犯。

另外一方面，壁畫、聖像、雕刻，美輪美奐，堪稱精品中的精品，又讓人們感覺過於奢華，回想到中世紀的黑暗，教皇出售赦罪券，或稱贖罪券可以用此彌補自己所犯的罪。

因此，無所不知的上帝，早在摩西時代頒下十誡，其中第三誡就是：「不可妄稱耶和華你神的名，因為妄稱耶和華名的，耶和華必不以他為無罪。」

佛教之中有所謂皈依三寶，乃是「皈依佛，皈依法，皈依僧。」基督教中沒有皈依神職人員一事，人人都屬於上帝，絕大多數的教皇聖潔，神父、修女、牧師也都如此，然而「審判」要從神的家開始，若是犯了錯，處罰更為嚴格，上帝對待摩西就是採用最高標準。

所謂妄稱，指的是不可妄用上帝的名義，咒詛、祝福、行邪術、起誓，以及不誠實、不懷好意使用上帝的名。我們從赦罪券的歷史故事之中，更能體會上帝的作為。

先要說明，發動會眾捐款建立教堂，並不是罪，畢竟對許多窮人而言，可以在這座宮殿之中娶親、埋葬死者，歡樂悲傷之中，有一股莊嚴相伴是好事。然而，教皇不該自我膨脹，居然有膽說可以赦罪，頒發天國護照，中世紀人們害怕煉獄，相信「補償禮」的聖禮之後，得以進入天堂，甚且連寫《神曲》的但丁也深信不疑。

於是，聖職人員與銀行代理人一起演出販賣赦罪券，從當時流傳的繪畫之中，可以看見高高撐起的教皇授權旗幟，馬車豪華，裝飾俗麗，樂隊相迎，當教堂鐘聲響起，全城人屏息以待。

當時業績領先的約翰帖次勤，特別得到教皇利歐十世的賞識，走遍德國法國，販賣車裡有一個大箱子，他像推銷員一般，扯著喉嚨嘶喊：「要買要快。」

他手中揮舞著一張一張羊皮製成的「紀念公證書」，用響亮的嗓音吆喝著：「快，謀殺、姦淫、偷盜、褻瀆聖物、咒罵……全都有售。」當然，價格不一，每個人都有罪，每個人都有罪惡感，中世紀的人雖然愚昧、文盲，卻相信人是有限的，無法看到全能上帝，上帝卻很清楚看到人們一舉一動，這種認識本是好的，卻又愚昧相信了詐騙高手。

於是乎，個個爭先掏錢，約翰帖次勤口才生動：「當銀錢叮噹一聲落在箱裡，各位的靈魂立刻潔淨如嬰兒。」

一會兒工夫，一手交錢，一手換羊皮紙，他又吹噓：「不但現在犯的罪，過去犯的罪可以赦免，未來犯的罪也可洗清，甚且你們的先人正在地獄受苦，一樣可得到赦免。」

一時之間，嘩啦嘩啦銀錢叮噹叮噹，這位超級推銷員又叫：「啊，我看見你父親一條腿已從地獄的火中抽出，快、快加碼……」

不料這位顧客醒過來了，他冷冷地回答：「不必了，我爸爸本來只有一條腿。」

教皇歛財，明顯違背十誡中第三誡，一定有許多人覺得不應該，但是，礙於教皇的權威，只能選擇沉默，直到上帝興起馬丁路德，戳破教皇的假面具。

馬丁路德，一四八三年生於德國，父親是礦工，他必須街頭賣唱，賺取幾個便士，幫助家計。由於學業優異，得到親戚支助，得以進入耳弗特大學攻讀法學，家人期待他成為一位律師。

他在圖書館中發現一本拉丁文《聖經》，深深被吸引。有一天，出外遇到閃電，空曠之中險被雷擊中，他開始禱告：「上帝啊，我若脫險，要成為修士。」

馬丁路德死裡逃生，加上一位好友年紀輕輕，突然病亡，他更對追求永生真理，產生濃厚興趣。一五〇五年進入奧古斯丁修院，自己想出許多苦修方法，全力折磨自己，希望消弭罪孽，他還虔誠去爬石梯，據說這是耶穌被彼拉多審判時的石塊，一共有二十八級，有人說，一面登級一面祈禱，一級可抵上煉獄九年，馬丁路德爬了，卻自覺納悶「這豈會是真的？太可笑了。」

後來，馬丁路德勤讀《聖經》，他發現，在人類歷史中，上帝曾經和人說話，施展作為，這一切都寫在《聖經》上，人因信稱義。一個人犯了罪，不去祈求上帝饒恕，反而購買赦罪券，這是鼓勵犯罪。

因此在一五一七年，時任威丁堡大學《聖經》教授的馬丁路德，以學者的口吻，寫了九十五條論點，反對贖罪券，兩個星期之內，如野火般燃遍歐洲，接著一本一本小冊出爐，攻擊教會腐敗，他並且勇敢參加王公貴族召開的沃木斯會議，儘管他認為「這兒魔鬼多如屋頂瓦片。」

在會議中，他發表了震古鑠今的演說：「除非用《聖經》或真理說服我，我不接受教會或是議會的權威，因為他們經常自相矛盾，我的良心是神的話語的俘虜，我不能也不會改變任何信念，這是我的立場，求神幫助我。」

上帝果然幫助了他，他返家途中，被幾個騎士綁架，換了軍裝，黏上鬍子，穿過森林，被帶到瓦特堡，原來他朋友擔心他被暗殺，進行友誼綁架。

路德就在被「囚禁」的十個月，開始把拉丁《聖經》翻成德文，後來還俗娶了修女凱瑟琳波拉，過著美滿家庭生活，並且成為多產作家、詩歌作曲家，直到最後，努力不懈，卻自認「好像沒做過什麼。」

他促成天主教的自省改革，也帶動新教基督教成立，更為衛道捍衛「不可妄稱神的名。」

30. 沒有文盲的民族

關於老人失智症，科學家曾經做過一個著名的研究，有六位老修女，自願死後腦部解剖，結果發現，她們腦部結構嚴重退化，奇的是身前毫無跡象，健康長壽，樂在服務。

她們生命與上帝有一種奇妙的結合。

當基督徒過世之時，親友常會以「安息主懷」四字相送。其實除了靈魂離開病痛身體，上帝會在天堂，賜給一個新的年輕身體。所以喪禮有不捨，卻也有盼望。

安息不止在身後，人活著的時候，神也賜給安息。修女是年輕單身女郎，前往最苦難最骯髒最落後的不毛之地都是勇敢平靜勤奮，因為時時刻刻滲入安息的甜蜜。

安息是什麼？在〈創世紀〉第一章，天地萬物都造齊，到了第七日，神造物的工已經完畢，就在第七日，歇了祂的一切的工，安息了。

上帝是不打盹，不休息的，這兒的安息，表示此事已告一個段落，祂要邀請人們進入安息，享受祂創造的美好，這就是六日勞碌，週末休息的由來。

摩西率領希伯來人在曠野，天天拾取嗎哪，第六日取雙分，第七日上天停止供應嗎哪，養成他們週休一日的習慣。並且成為十誡中的第四誡：「當紀念安息日守為聖日。」無論客旅，甚且僕婢、牛、驢、牲畜、一切工全部停擺。

上帝的安息是享受祂的創造，祂也知道人們需要休息，需要被愛，在勞累六天之後，上帝打斷人們的生活，讓人們聚集在祂肩膀上靠一靠，被安慰，被疼惜，提醒自己要因神有安全感。

雖然《聖經》中記載：「凡干犯這日的，必要把他治死。」看起來似乎殺氣騰騰，背後卻是怎麼樣的疼惜。因此，總在加工的企業家，週末也不放下書本準備考試的學生，全都不符合安息日的原則，神從來沒有要人全年無休。

上帝真是既威猛又慈愛的天父，或許，我們可以從猶太人牢守安息日，一窺上帝的為父情懷。

一直到今天，從星期五的黃昏，到星期六的黃昏，是他們最重要的安息日，街頭上杳無一人，有點類似我們的除夕夜，所有的人都回家團聚，每個人都穿上最漂亮隆重的衣裳，享受豐盛可口的大餐，公平休息，猶太醫院休息，一切休息。

第二天一大早去猶太會堂禮拜，下午則是父母帶著孩子遊山玩水的時候。

他們還喜歡在這一天，舉行十三歲的成人禮，代表孩子可以自己讀《聖經》，讀《聖經》除了明白神的道，還有一個好處，學習讀枯燥的書本，任何學問都不是娛樂新聞，必須耐著性子，免試升學的危機就在於，只能閱讀輕鬆的文字。

猶太媽媽從小在《聖經》上沾蜜，讓孩子舔到書甜，由於個個讀《聖經》，因此，猶太人自豪：「我們沒有文盲。」

德國法官徐林克，也是柏林大學法學教授，曾經寫過一本著名的德文小說《我願意為妳朗讀》，書中的女主角，韓娜，是文盲，她喜歡聽男孩麥克為她朗誦荷馬的史詩、海明威的小說，卻怎麼也不肯讓人知道她不識字。

為了掩飾弱點，她拒絕當司機，不願在西門子公司升職，寧可當車掌小姐，納粹之時，韓娜成為女警。戰後審判，警衛們把過錯推給韓娜，誣賴她寫了報告，造成教堂失火，多人喪生，只有一對母女逃過劫難。

法官要核對筆跡，檢察官律師正在討論，經過十五年，一個人筆跡是否完全相同。韓娜愈來愈緊張，她說：「你們不必找專家，我承認報告是我寫的。」

就這樣，為了保持尊嚴，韓娜自願頂罪，入獄十八年。在此期間，曾與她有過一段情的麥克，不斷地寄錄音帶給她聽，她就照著錄音帶，借出圖書館的書本，一個字一個字，開始學會認字。

終於盼到出獄之日，韓娜無法面對未來，選擇自殺，並且希望麥克拿著她存的七千馬克，向戰火餘生的猶太女兒表示懺悔。

在原作改編的電影《為愛朗讀》之中，這段特別感人，優雅美麗、成為女作家的以色列女兒，平靜地婉拒金錢，留下了紫羅蘭色放錢的茶葉罐，因為她在入集中營之前，小時候也有這樣的茶葉錫罐，裡面放著寵物獅子狗的一撮毛、歌劇戲票等小女孩的寶貝。

她為韓娜的遭遇感到難過，接著，臉上一抹微笑：「我們以色列沒有文盲。」最後這筆錢捐給猶太人設立的反文盲猶太聯盟。

因為讀《聖經》，因為固守安息日，以色列人沒有文盲，知識成為力量，是不是很有趣？

《聖經》中說：「凡勞苦重擔的人到我這裡來，我就使你們得到安息。」在基督主日，不是週六，而是週日，許多基督徒週日捨棄補眠、捨棄娛樂，步入教堂。在悠揚的聖歌、在台上台下一起對神敬拜，在牧師講道之中，這不只是平平安安休息放下，更是靈魂洗滌、充電，重新出發。

奧古斯丁曾說：「除非我們的心，在神裡面找到安息，否則我們總是不安寧。」

環境總是不容易安寧，上帝明白我們處境艱難，安息日的可貴在此，祂要讓我們享受安全感。

31. 十二座諾貝爾獎

二次大戰以後，一九四七年以色列建國，到了二〇一四年，已經拿到十二座諾貝爾獎，平均五位得主之中，就有一名猶太人。

猶太人與中國人很像，聰明、勤奮、歷史悠久。在以色列人身上見證了《聖經》的真實性，以及固守傳統帶來的優秀卓越。

以色列人沒有文盲，已經是難能可貴，更讓人驚異的是許多小孩從小會背誦《聖經》，在七歲以前，跟著旋律反覆背誦〈創世紀〉、〈出埃及記〉、〈利未記〉、〈民數記〉、〈申命記〉，十三歲以前，已經全部會背，每早必須朗讀。

現代教育專家詬病「背多分」（貝多芬諧音），其實，記憶仍是任何學問基礎之一，讀法律系不可能不背條文，醫學院學生畢業之前，必須熟背二百多種人骨原文。中國古人認為「熟讀《唐詩三百首》，不會作詩也會吟。」

蘇東坡的母親曾說：「聽孩子背書，乃人間至樂。」猶太人也以「孩子們能一字不錯背《聖經》」是父母無上光榮，「讀個一百零一遍，總比讀一百遍要好。」

中國古人認為，孩子是為成人做準備，講究少年老成，沒有所謂可愛有趣的童書，兒童讀《論語》、《弟子規》、《唐詩三百首》，與大人讀的一模一樣。

猶太人讀的《舊約》，也沒有分兒童版、成人版，在上帝眼中，本來《聖經》中沒有所謂「兒童不宜」，人生艱險，孩子們有必要知道，以免人生走錯岔路。

父親是猶太兒童第一位老師，除了負起養育之責，他也是負責教導《聖經》的家長。

中國人說：「天地君親師。」天地是宇宙之宰，接下來是國君，再下來就是父母師長。

猶太人一樣，有趣的是希伯來語中，山是哈里姆，雙親是赫里姆，老師是奧里姆，發音差不多，父母師長皆巍巍如山，必須尊敬。

小孩擅長模仿，父母必須帶頭做。

在尼希米時代，約二五〇〇年前孔老夫子時代，在安息日，他發現有人酢酒、搬運禾綑、馱在驢上，又把葡萄酒、無花果，擔入耶路撒冷，並且販賣魚類等各樣貨物，如我們在〈清明上河圖〉中見到的市井一般，尼希米就斥責猶太人「你們豈可犯這惡事。」聽起來有點奇特。

更奇怪的是，在這二十一世紀的今天，在耶路撒冷，正統猶太教會的人，週五下午近黃昏，派人在街上巡邏，禁止車輛通行，（猶太人是黃昏到第二天黃昏算一日，因為人生應當從黑暗走向光明）他們在週五下午為安息日準備好豐盛食物，擺好餐桌，洗澡，換上節期衣服（小女孩換上最漂亮的裙子，小男孩還戴上傳統小圓帽），等待安息日傍晚來臨，全家喜樂用餐，享受溫暖的家庭生活。

第二天（週六）早上全家去會堂禮拜，一切停止，電梯也因安息日電梯預先設定，甚且連微波爐的開關，也前一天設定，這是他們最快樂，沉浸神恩的美妙時光。

安息日唯一的活動，該是成人禮了。不是二十歲，而是十三歲，孩子不但熟背《聖經》，並且了解明白《聖經》。猶太母親在兒童回家的時候，第一句話往往是：「你今天在學校問了老師什麼好問題？」

學問學問，要問才能學到東西，當然猶太父母也得在家庭之中，招架孩子們一連串為什麼？為什麼？為什麼？

猶太媽媽還喜歡問：「如果家中失火，你該帶什麼逃生？這是沒有氣味，沒有形狀的寶貝。」

小朋友猜不出來。

媽媽就會正色以告：「智慧，只有智慧是最重要的。」敬畏耶和華是智慧的開端，十三歲是驗收初步學習的時刻。

在安息日，耶路撒冷哭牆左邊，安置了許多小櫃子，每個小櫃周圍都站滿親友。小男孩走上小櫃，今天過十三歲的生日，他必須高聲朗讀經文，台風莊嚴大方，如同小牧師，小教師，或是音樂廳上演奏的小小提琴家。

所謂哭牆，乃二千年前，希律王重修所羅門聖殿的西牆，西元七十年，聖殿被毀，只餘一片長八十公尺、高二十公尺的一面牆，猶太人近二千年的流浪過程中，無論他們在世界任何一個角落，總是朝著西牆方向膜拜。一直到一九六三年六月戰爭結束之後，被以色列人列為祈禱專區。他們不停撫牆痛哭，也在這兒許願，並把心願寫在紙上，塞入石縫。

我們可以想像可愛小男童，站在櫃上誦讀，（因為男女分邊，媽媽得踮著腳，興致勃勃遙望）他們的心情是何等雀躍，這樣的「轉大人」，不是僅僅發育上的體能，而且表示「每個十三歲的男孩，均有擔負律法的責任」。

成人禮後，家人為他舉行盛大生日宴會，近年來小女生也有成人禮，他們不只是舉行歡樂派對，更對自己宣言，長大了，該對國家、民族、家庭奉獻責任。

在這樣的氛圍之中，孩子們讀到十誡中第四誡：「當照耶和華你神所吩咐的孝敬父母，使你得福，並使你的日子，在耶和華你神所賜你的地上，得以長久。」孩子們明白，長壽得福的關鍵是孝敬，父母如此關愛子女，子女也自然熱熱烈烈愛父母。

都說，中國人與以色列人最孝敬，其來有自也。這也是君君臣臣父父子子，父親像一個好父親，兒子像一個好兒子。

32. 德國人的勇氣

二〇一一年七月七日，乃是七七事變七十七週年，德國總理梅克爾恰巧在北京，所謂恰巧當然是事先妥善安排，即使在重慶學習「宮保雞丁」的烹調，也是老早安排的節目。

這位聰明、優秀、真誠、正直，笑起來很可愛，也很媽媽的歐洲領導人，是一位牧師的女兒，反對所謂「政治是高明的騙術」的詭詐，實事求是，熟讀《聖經》。

十誡第六條「不可殺人」。當然更不可以大屠殺，梅克爾通常沿用以色列人的用語，稱之為shoa，希伯來語「滅族」之意，德國納粹殺了六百萬猶太人，原意就是消滅猶太人。

在大屠殺七十週年，梅克爾參觀以色列猶太人屠殺紀念館，在暈暗的燈光之中，她聆聽播報機一一唱名，每個孩子的名字、地址、被害時年齡，太悽慘了。幼年摩西也差一點被想滅族的法老，淹死在尼羅河中。

歷史總是不斷重演著，梅克爾焦急地問：「當見證者凋零之後，人們該如何保存記憶？」二〇〇九年威廉森主教，在電視上表示，沒有納粹罪行，教宗本篤十六世頗為尷尬，梅克爾本著道德勇氣直言「教宗及梵蒂岡都應該更明確清楚表明立場。」

不只是梅克爾，整個德國，二次大戰後，誠心懺悔。中國人說，知恥近乎勇，德國人的記憶，彷彿是一片巨大的舌頭，一而再、再而三地舔，想要找出，到底是哪一顆牙齒在痛，以便處理有問題的牙。

在梅克爾之前，有一位德國總理勃蘭特，他在希特勒當政之時，反對納粹，逃亡至瑞典丹麥，成為一名報導納粹罪行的新聞記者。戰後，回到德國，當選為西柏林市長，接著，成為總理。並且於一九七〇年十二月七日，前往波蘭華沙猶太人於二次大戰時死難紀念碑前跪倒謝罪，獲得諾貝爾和平獎。

二次大戰後的德國，不斷深刻反省，何以當時的基督徒緘默？知識分子為何不站出來抨擊希特勒？戰爭中的記憶在教科書，在集中營紀念館，在報紙、電視上、學校中、博物館裡不斷反覆反芻。同時，戰後以色列人，挾其龐大金錢勢力，拍攝電影，提醒世人不奇怪，畢竟猶太人是受害者。

德國人不厭其煩，重述祖先失敗的一頁，可敬可佩。

集中營的煤氣處死固然可怕，但是比起日本人一九三七年的南京大屠殺，那真是小巫見大巫，集體機關槍掃射、劈頭、砍腦、刀刺、穿胸、剖腹、斷肢、碎屍、活埋、餓死、凍亡，名堂之多，難以想像。還有最恐怖的姦殺。

希特勒雖然手段殘酷，但是在他《我的奮鬥》一書之中，強調日耳曼民族的優秀，因此，德國大兵不准強暴外國女子，免得污染日耳曼的純種。

「不可姦淫」乃是十誡中第七條，照《聖經》說法，除那是婚後一夫一妻，其餘無論同性戀，婚前婚後性行為，與妓女相交全是姦淫。耶穌更說，凡是見到婦女，心裡動念想與之相合者，就是犯了姦淫罪。

日本人在「三月亡華」的野心行動之中，軍事規則也是反對強暴，因此日本人找來台灣韓國妓女，成為慰安婦，但是，不敷使用啊，日本人本來歡喜將性與暴力結合，在戰爭之中，更把這種罪行充分表露。

在荷蘭作者伊恩·布魯瑪的作品《罪惡的代價》之中，他記述了一位老兵東史郎，在一九八七年公開講了一些真話，引起轟動，也遭到所謂「愛國者」揚言追殺。一九九二年，東史郎接受伊恩・布魯瑪訪問，他說：「任何時候，我們想進入一個村莊，我們第一件事，就是偷取食物，然後抓女人來強姦，與任何一個經過我們道路的女人做那檔事，當女人被迫性交之時，她們還被視之為人類，因為事情本身不是太差。但是，當我們殺她們的時候，她們不過是一條豬而已，對此我們不覺得有什麼羞恥，沒有犯罪感，如果有，我們不可能做得出來，然後，我們把所有男人女人小孩全部殺死。」

中國婦女強調貞潔，中國歷史上記載了許多婦女為了守貞，不惜投井、自己把臉刮爛的烈女事蹟，她們在日本人魔掌之下，該是如何屈辱憤慨，她們的年齡從九歲到七十五歲不等。

在攝影師留下的照片之中，人們看到「中國男人被用作刺刀練習，許多人被機關槍掃進廣闊地洞之中，受到驚嚇的女人，裸著身子，擁擠在水田之中，試圖遮掩她們的私處（她們全被逼脫光褲子），日本兵用長刀砍斷人頭，如山的屍體堆積在長江堤岸上，許多女人因著竹棒插入私處而死。」

東史郎說「在日本，講真話不可能。」

十四歲的安子在《罪惡的代價》中說「我們聽說納粹用恐怖的方法，可是，日本人也相當壞，當日人砍掉中國人的頭，卻掛著笑容，我覺得想移開眼睛。」

就是因為「想移開眼睛」，日本人教科書不提「南京屠殺」，德國人的紐倫堡大審，審問戰犯，花了二十年，日本從來沒有過任何戰犯審判，加上國家神道與天皇崇拜，更是缺乏反省，甚且二〇一四年七月日相安倍訪問澳洲，總理還阿諛，「日本人在戰爭中勇敢。」

歷史是會再演的，梅克爾在東德待了三十五年，她說「我在專制之下的日子，與我人生密不可分，若有人說，不會再發生，我總存疑。」

並不是所有日本人都贊成戰爭，九〇年代，日本曾經推出連續劇《阿信》，一播再播，敘述戰爭為日本帶來的痛苦。基督教強調寬恕，並非遺忘。《聖經》是以色列的歷史，記載了他們祖先所犯過的種種錯誤，中國大陸自二〇一四年開始，每年十二月十三日大規模紀念南京大屠殺，為的就是藉此警惕。

33. 斷開解開人性枷鎖

西洋電視影集《妙賊》男主角挺拔俊美，專門竊取名貴物件，方法細膩，優雅沉著，完全不像所謂「小偷」的齷齪狼狽。

跨越世代，讓無數觀眾傾倒的奧黛麗赫本，繼《羅馬假期》之後，拍攝《偷龍轉鳳》，劇中女主角的父親是一位藝品收藏家，他借出一件贗品，讓博物館展覽，並且詐保了一百萬美元的保險，在保險公司發現假貨之前，女主角找了一位翩翩風采的神偷偷贗品，赫本是如此清麗嫵媚，她與神偷之間的愛情更是浪漫迷人，讓觀眾神往陶醉。是一部好電影。

無論神偷如何白馬王子，回到《聖經》，偷就是偷。

在中國武俠小說之中，常有江湖之中，突然出現了武林高手，擁有絕世武功，來無影去無蹤，專門劫富濟貧，尤其擅長盜取鏢銀，人稱之為義盜。並且譽之盜亦有道。

既然是「盜」，絕非正道。

創造人類的上帝，實在是太了解人類，人們想走的每一著錯棋，祂都了然於心，因此，十誡第八條：「不可偷盜」。

現代社會，偷盜手法翻新，電影《華爾街之狼》敘述肥貓如何不留痕跡，把人們口袋中的鈔票騙過來，賣座鼎盛，觀眾不知不覺被洗腦，羨慕他奢華享受，「智慧犯罪」的聰明絕頂。

其實，不當奪取他人之物，皆是偷盜，訛詐欺騙，偷工減料是偷，走私漏稅，私自接電接水也是偷，抄襲論文是偷，盜用他人肖像權也是盜，稍一不慎，淪為偷盜而不覺。

第九誡更是我們每個人容易犯的錯：「不可作假見證陷害人」。現在美國法庭證人作證之前，仍然手按《聖經》起誓，就是根據這一條，無論是否基督徒，當他接觸《聖經》，彷彿觸了電，站在上帝面前，嚇得不敢謊言。

在美國華盛頓特區，法院沒有庭訊之時，准許遊客入內參觀，在天花板邊緣，鑲刻巨大雕像，面貌威嚴，手中拿著石版，正是摩西拿著十誡，警告人人小心口舌。

中國人民甚少上法院見證，卻經常假見證而不覺，道聽塗說，亂傳謠言，言之鑿鑿，東家長西家短，所謂消息靈通人士也。網路興起之後，假見證以非凡速度四竄，威力超過洪水猛獸。

台灣以民主言論自豪，卻缺少了法治精神，記者經常自製新聞，然後，大眾根據子虛烏有的假事實，各自依照一己立場，發表不同評論。鬧過一陣子，人們發現捏造，卻也不以為錯，不以為蠢，繼續瘋狂下一則謠言，樂此而不疲。

最後一誡第十誡，更是人人必須警惕：「不可貪戀人的房屋，也不可貪戀人的妻子僕婢牛驢與他一切所有的。」

貪戀是非分之想，人家有的，我沒有，想要據為己有，當心理有了偏差，很快的，行為有了轉變，無論殺人，偷盜，奸淫皆出於此非非之想，因此《聖經》中說「保守你的心，勝過保守一切，因為一生果效由心發出。」

特別值得一提的是貪戀，愛上旁人的丈夫妻子，或任何不適合愛的對象，真是無邊無際的痛苦。在英國作家毛姆的《人性枷鎖》一書之中，有深刻的描繪。

《人性枷鎖》並非毛姆自傳，他說「感情是我自己的，但是並非每個事件都出自我本人經驗。」

書中主角菲力蒲父母早逝，九歲之時由牧師伯父撫養，牧師寡情，連帶使他對基督教也沒有好感，不願意就讀神學院，熱愛自由，恨惡鎖鍊，堅持赴德國學習。

在德國，他遇到女侍梅麗，梅麗不聰明，不討人喜歡，心地庸俗，歡喜愚弄別人，老愛裝模作樣，沒有一點點溫柔的心。長得也不好看，並且態度傲慢，有時菲力蒲想摑她耳光，梅麗完全不在乎他。

但是不曉得為何，他突然被強烈的衝動所襲擊，他渴望她，那是痛苦焦渴，他對自己無能為力，像小時候落在一個壯年人手中一般，四肢癱軟，被一種奇怪的力量抓住，違背自己意志前進。他無法自枷鎖掙脫。

於是，他瘋狂購物，滿足梅麗揮霍，梅麗與一個德國人結婚，接著被遺棄，菲力蒲大方為她付醫藥費、生產費。不久，梅麗又愛上油頭粉面的哈利，菲力蒲竟然出資，讓他們去巴黎狂歡，因為他被自我折磨的枷鎖掌握。

接著，梅麗淪為妓女，菲力蒲仍然疼惜她。她發起脾氣，把房間砸碎，莫名其妙走了，不久孩子死了，她繼續當妓女，菲力蒲終於無能為力。

這時，他忽然看到二十年前去世的，亡母的信，信裡那虔誠的口吻讓他驚奇，她希望他成為一個好基督徒，然而他走的道完全相反。他開始覺醒，想起小時候，在歌德大教堂帶給他的快樂，高塔如同人對神讚美般尖向天空，學生在打球，他聽到笑聲與叫聲，那是青春生命，他嚮往。

終於，神的愛讓他把痛苦自心裡摘除，他認識了健康單純的莎莉，準備當一個鄉村醫生，安定下來，有一個自己的家。

當菲力蒲貪戀梅麗時，「他在床上狗一般不斷扭動著，他不知道如何忍受靈魂中這種無止無休的苦痛，他想要死掉。」

「他想要死掉」，這正是台灣二〇一四年捷運瘋狂兇手鄭捷的告白，他小學時貪戀一個小女生，小女生不理，他想死又不敢自殺，最後用五十六秒奪走四命，刺傷二十多人的方式，達到一心求處死刑的目標。

十誡中每一誡，其實都是人類容易自己銬上鎖鍊，自己無能為力，只有人們了解上帝慈愛與苦心，誠心願意藉著神力，降服於神的誡命，才有幸福人生，這是神給人的禮物，卻只有少數有福之人能夠擁有。

34. 逢七的祝福

國內外大學，有一條不成文的規定，教授專職六年之後，可以休假一年，薪資照領。這是出自《聖經》十誡之後，律法的延伸。所謂「到第七年，要叫地歇息，不耕不種。」

許多人誤解十誡，以為這是上帝要轄制虐待人們，其實，祂是要祝福，並且成為最公平的仲裁。也有人質疑，在競爭激烈現代社會，這不許，那不准，豈非框框太多，拘限了鵬程萬里的凌雲壯志。

正因為人生險惡，人們才更需要上帝的保護引領，真正聰明的人才能參悟各種奧秘。

班傑明，富蘭克林是世人公認的奇才。大家對他都很熟悉，美金一元肖像是華盛頓，五元是林肯，一百元正是富蘭克林，所以有富蘭克林基金等等，他是美國歷史上赫赫傳奇，集政治家、科學家、發明家、印刷商、出版商、學者、記者、作家、慈善家於一身。

富蘭克林出身寒微，只讀過一兩年小學，成為中輟生，日後竟能修改美國獨立宣言，又曾擔任美國駐法公使，取得法國對美國獨立之支持，他歸功於每日以十誡反省。

他曾經是十歲的印刷小童工，卻並不抱怨，乘機大量拓展對音樂、繪畫、機械方面的知識。青年時期，前往英國工作，當大家收工，前往酒吧飲酒作樂，他卻推卻「我只喝白開水」，惹來眾人嘲笑。

放假日，是屬神的日子，也是他利用時間，發現新事務的好玩時光，富蘭克林最有名的一樁，該是他帶著兒子放風箏，遇到閃電，繩子纖維豎立，他用手一摸大驚：「這就是電！」日後的避雷針就是這個原理。

他還利用假日發明了「上一半看遠視，下一半看近視」的眼鏡片，在多焦點眼鏡發明之前，造福不少中年人，因為哥哥的泌尿疾病，他發明了「導尿管」，沿用至今，他還發明了蛙人鞋，興趣真是廣泛。

這一位基督徒建立了消防隊，又創辦了圖書館，以及美國賓州大學的前身，他終身勤奮，因為「常常使用的鑰匙亮晶晶」、「一個空無一物的袋子，無法站立起來」。人生必須保持適當的壓力與緊張，而且唯有天天在十字架前把心歸正，才能維持高標準的道德。

在富蘭克林每日閱讀的《聖經》之中，十誡如同憲法，具體條文見之於律法，在摩西記載的〈申命記：恩典的藍圖〉中，有一段論豁免年，是一條逢七大福的律法。

每到了第七年，凡是債主就要把借給鄰舍的一筆勾銷，不許再追討了。

這樣鬆手，未免不公平。

且慢，上帝開口了：「你如果遵守這個命令，在你們中間就沒有窮人，在耶和華賜你的地上，一定大大賜福給你，而且你一定富裕，不會伸手向人借錢，只會有人求你借貸。」

上帝雖然如此吩咐，債主未必領情，總覺得划不來，因此生意人一撥算盤，快到第七年了，「對不起，一個子兒也不借。」

關於這一點，上帝已想到了。（中國人說知子莫若父，人類千萬別妄想與上帝下棋會贏，人所有心思意念都瞞不過耶和華。）

因之，神又警告：「你要謹慎，不可心中起了惡念，因為第七年豁免年快到了，你就不肯幫忙窮乏兄弟，你借給他的時刻，不要心中愁煩，你放心，神一定在你辦的事上賜福你。」

若是賣身為奴，上帝也有一套規定，摩西律法是爭取人權最終典範，為奴隸提供了保障。被賣的不准許是小娃娃，而是可以工作的成年人（以色列人十三歲算成人），男僕工作六年，第七年，他就可以自由離開，他若有妻子，妻子可以與他同去，若是主人為他娶的妻子，妻兒得留下。

但是，男僕若是捨不得，不想離開主人，主人可以帶男僕到神壇那兒立誓，然後背靠門框，用錐子刺耳垂，表示死死釘牢在這個家庭之中，順服門框後面的主人，用家主的名字式符號當耳環，行走招搖表明身分，好像今天穿戴名牌標幟。

婢女也可以同樣穿刺耳洞，但是不可與男僕一般出去，因為年紀大了，出外不是當妓女就是淪為乞丐。上帝規定，以色列人不可讓女兒當妓女，一直到今日，以色列中鮮少妓女，上帝憐憫可見一斑。

正如同中國古代一般，女婢多年會成為主人的小妾，如果男主人不喜歡她了，必須找一個近親替她贖身（但是不可以賣給非猶太人）。若是嫁給主人的兒子，就當善待她，如同自己的女兒，成為家庭成員之一，如果又另外娶了一個，那麼，吃食、衣服、居住，一樣不可以缺乏。

律法規定，第七年男僕要離開，主人不可為難他，因為他已經做了六年工，比雇臨時工便宜多了，當時，不供應衣食住宿的臨時工一天的工資是一錢，供給衣食長期工，年薪是十舍克勒銀子，六年算下來就是六十舍克勒銀子，奴婢的代價當時是三十舍克勒銀子，已經划算太多了。

所以律法中且規定，「你不可以讓他空手而出，要從羊群禾場中的酒醾裡，多多給他，別忘記『耶和華神怎樣賜福與你，你也要照樣給他』，要紀念你在埃及當奴僕。」

舊約時代過去了，今日也不再有奴僕，然而許多雇主，沒有善待部屬。

然而，為富不仁下場很慘的，《聖經》中的財主下了地獄，哀求天堂裡的亞伯拉罕打發乞丐拉撒路來，用指尖蘸點水給他喝，因為地獄裡火焰兇猛。亞伯拉罕說「你該回想你生前享過福，拉撒路也受過苦，如今他在天堂得安慰，你倒受痛苦。」

35. 逃城

在中國舊式武俠小說之中，有一種特定的模式，某少年因親人被殺，悲憤莫名，上山尋師，習得一身武藝，拜別師父，下山尋仇。從此，人生唯一目標，便是報仇、報仇，此仇不報非君子，天涯海角，苦苦追尋兇手。

無論古今中外，報仇伸冤，這是普遍人性。

上帝是最公平的仲裁者，面對這樣的殺人案件，祂制定了特殊的逃城條款，在十誡之後的律法書中，無論〈申命記〉、〈民數記〉、〈約書亞記〉都一再提及。

耶和華神對摩西說：「以後，你們到了應許之地，要把四十八座城給利未人，其中有六座城做為逃城。」

利未人是神職人員，逃城呢，是讓誤殺人、無心殺人卻殺了人的，可以逃躲的庇護所。

因此，即或是「殺父之仇、不共戴天」的兇手，如果是誤殺，神要救他。

何謂誤殺？上帝舉了一個很生動的例子，張三與李四是鄰居，向來無仇，相偕入森林伐木，張三掄起斧頭，往樹上用力一砍，刀子脫了刀柄，咻地一聲，飛快封了李四喉頭，當場斃命，張三嚇得連夜奔逃。

李四家人在樹林中發現死屍，窮追不捨。

這時，張三若是來到逃城，長老問明緣由，准允入城避難。今天國際之間，某國對於他國犯人，予以政治庇護，就是套用《聖經》法則，當然這種國際現勢，乃是衡量本國利益，與上帝的公義不可同日而語。

好，這時李四家人若尋了來，長老就要上前擋住，上帝的神旨，遠勝中國古代聖旨，仇家儘管滿心不願，也只有怏怏離去。

若是張三在逃城裡悶得慌，偷偷出了逃城，冤家路窄，剛好遇見李四家人，一刀斃命，就是活該。

張三在逃城裡得待多少時日？上帝規定，一直到逃城的大祭司死了，他就等於得到特赦，可以回到老家，仇家也不能報仇。

如果反過來說，王二拿著厲害的鐵器、木頭、石塊、用力地狠狠砸人致死，他就是故意殺人的，必被治死。或者王二對趙六懷恨在心，故意設下埋伏，結果趙六性命，接著也逃到逃城，長老就要交出王二，任憑報血仇的家人處置。

上帝是很公平的，許多廢死聯盟，搬出十誡第六條「不可殺人」為理由，反對死刑，從《聖經》之中，似乎看不出來上帝反對死刑，而是要小心審慎，判別不同案情。

在舊約律法之中，除了蓄意殺人之外，拐帶人口、毆打與咒詛父母，必要將他治死。

過去舊社會之中，常有歹徒擄人，打成殘廢，扔在街角，哀哀乞憐，歹徒坐收其利，或是將小女孩賣入娼家為妓，真正可惡至極。因此無論賣出或是留在手下，一定得治死。

許多中國人，原以為基督徒不孝，殊不知咒詛父母在在神眼中竟是該死，世界各民族之中，中國人與猶太人是最講究孝道的，這不能不說，孔子上察天意，明瞭家庭的重要性。

還有一條記載在〈申命記〉中死刑的條文：「若遇見人與有丈夫的婦人行淫，就要將姦夫淫婦一併治死。」一落實十誡中第七條：「不可姦淫」。

以大衛王為例，大衛原是上帝最愛，他登基後第七年，一個悶熱的午後，他在皇宮平頂散步，赫然遠遠望見一絕美豔婦正在沐浴洗澡，大衛怦然心動，打聽到她是烏利亞大將的妻子拔示巴，烏利亞正巧奉命出征，大衛派人接來拔示巴，雙方難擋魅力，情慾奔放不可收。

不久，拔示巴差人傳來喜訊，她懷孕了，這真是可怕，根據律法，姦夫淫婦一律處死。

大衛趕緊派人把烏利亞召回來，假情假意問候：「你回家去，洗洗腳，歇息歇息。」並且，差人送上美食。

不料，烏利亞與僕人睡在宮外，沒有回家。大衛著急地找了烏利亞來問話，他回答：「我的戰友都在田野餐風宿露，我豈可回家享受美食，與妻子同寢。」

大衛又不能對烏利亞說：「你趕緊回去，不然我和你妻子生下的孩子，沒法子賴在你頭上。」

最後，大衛一步錯，步步錯，竟然設計讓忠心耿耿烏利亞死在戰場，他以為天衣無縫，耶和華神甚不喜悅，派了人來斥責大衛：「你家中興起禍患，力劍不離。」

因此大衛寫詩：「我往哪裡去躲避祢的靈，我往哪裡逃躲避祢的面。」世人起心動念沒有能逃過神的，整個宇宙都是神的城，大衛無城可逃。

另一方面，大衛得國之前，盡忠掃羅王，掃羅卻因婦女高歌「大衛殺死萬萬，掃羅殺死千千」，氣憤地非將大衛置之死地，曾經再三掄槍，想把大衛刺透在牆壁上，一次又一次，神救了大衛。

大衛總是原諒掃羅，再三放棄報仇機會，掃羅不肯善罷甘休，三度打發人捉拿大衛，士兵卻突然變得軟弱無力，甚且掃羅自己都被聖靈感動，癱臥地上。

大衛又作詩歌頌：「我要歌頌祢的力量，在我急難的日子，作過我的避難所。」上帝可以隨時建造逃城，幫助正直的人。

人生在世，任誰都有難以言喻的辛苦，高呼：「主啊，救我！」就能進入逃城。待再出來，又是一番新的光景，這也正是耶穌所言：「凡勞苦重擔者，到我這裡來，你們可以得到安息。」無論實際或心理層面，都有可逃難的休憩。

36. 戴在額頭上的經文盒

在福音書房，有時會看到具體而微、如螞蟻般字體大小的《聖經》，顯得逗趣可愛。然而，在以色列，一直到今天仍有許多猶太拉比（老師）把經文印得超小迷你，裝在一個小盒子中，用線穿過盒子，整天綁在頭頂。

他們不是為了標新立異，惹人注目，而是摩西曾經說過，上帝吩咐「我今天吩咐你的話，你可要記在心上，殷勤教訓兒女，無論你在家裡、在路上、躺下、起來，都要談論，要繫在手上，戴在額上，寫在門框，城門上。」因此以色列人手上綁著經文，頭上頂著小盒子，是有屬靈上的尊敬的。

民間信仰，經常標榜「消災解厄，有求必應」。上帝從來不是點一盞光明燈，打一條金項鍊可以收買的。在《聖經》詩篇之中有一句話：「惟喜愛耶和華的律法，晝夜思想，這人便為有福。」

誰不想當個有福人？在希伯來人眼中，摩西五經是律法書，其中六一三條上帝親自頒布的律法，尤其重要。十誡是人類生活的骨幹，民事刑事的律令則記載在律法之中。

切莫說，這是老掉牙的舊東西，猶太人的聰明來自此；聖經國家的法律源於此，我們國家的法律也參照聖經國家的法律，細細研究律法，我們會發現上帝的宏觀與細密。

律法的精神是尊重與責任，一個人對神，對他人，乃至對自己都必須擔當責任。有人以為，信了上帝，就是不吭聲受欺負的濫好人，這是誤解。

譬如一個人看見賊在挖掘自家牆角，分明是個樑上君子，屋主拿起利器，用力一擊，應聲而倒，賊竟然一命嗚呼。

屋主有沒有罪？上帝如何裁決？

答案很特別，如果是黑矇矇的夜晚，由於賊的動機、人數、手上是否有兇器，一概不知。屋主為了自衛下了重手，情有可原，上帝認為無罪。

若是清晨，另當別論，因為此時小偷的面貌，手中的武器一清二楚，屋主可以大聲嚷嚷：「有小偷！」找人求援，或是嚇走小偷，甚且可以柔聲相勸：「人生美好，奈何作賊。」總之，不能三拳兩腳，把人打死，這就犯了流血的罪。流血的罪刑如何，《聖經》中沒有交代，得看當時狀況而定，然而出於自衛，不會是治死。

小偷抓到了，無論贓物下落如何，他不能狡賴：「宰了，賣掉了。」根據律法，五牛賠一牛，四羊賠一羊，若是小偷改口：「都還在，還你就是。」小偷仍須加倍償還。

如果小偷撒潑：「我手上什麼都沒有了，你看著辦。」

那麼，賊人就得被賣為奴。

總而言之，必須落實十誡中的「不可偷竊」。

至於為何偷牛罰五倍，偷羊僅罰四倍，那是因為牛是生產工具，也代表財富地位，在〈約伯記〉中記載約伯有牛五百對，表示富有。

關於牛，也有一套律法。

牛若是觸死男人，女人，兒童，這是一隻犯罪的牛，牛得被治死，有如今天有職在身被處死刑之軍犬。不可吃死牛的肉，牛主無罪。

但是，慢著，有人作證：「這隻牛向來喜愛牴人。」原來牛有前科，主人竟不將牛拴好，此時，不但要用石頭砸死牛，也要砸死牛主。（相形之下，今天酒醉壓死人，似乎處罰過輕。）

然而，通常情形，苦主不願牛主償命，多半要求贖命價銀，牛主不能違抗。

如果牛觸死牛，牛命不及人命，因此，活牛不必被治死，但得賣掉，兩家平分，死牛的肉是兩家平分。

同樣的，兇牛若有前科，牛主仍放任牠欺負別牛，以致於死，活牛主人就要以牛換牛，死牛歸己。

牛隻自己不能負責任，牛主卻得完全負起責任，假設牛羊一時興起，跑到別人家的田裡、葡萄園中踐踏搗亂，主人必須負責賠償。

一個人若把牛交給鄰舍看守，牛若被偷，鄰舍得賠；牛若被野獸撕碎，鄰居得找到證據，負起責任。如果或死或傷或牛被趕出，鄰舍得在耶和華前起誓發毒咒，牛主才罷休。

總之，親兄弟明算帳，一分一毫，算得清楚，明文規定，減少人與人之間不必要的摩擦。審判的原則，法官不得受賄，不可屈枉正直，同時，不可偏護窮人，也不許隨眾行惡。

舊約律法中的一條「以眼還眼，以牙還牙」，向來被詬病為報復主義，其實原意是避免仇家報復過甚，這是審判原則，並不表示張三傷了李四左眼，李四可以跑去弄瞎張三右眼。

偉大的戲劇家莎士比亞曾就此寫了一齣著名的《威尼斯商人》。莎翁生平，世人所知甚少，他的出生，三日受洗，子女出生，死亡全由教堂中紀錄得知，他的著作中引用了數萬條《聖經》，例如「女人有美貌無見識，如同豬戴耳環」等等，可見對《聖經》之爛熟。

在《威尼斯商人》一劇中，商人安東尼奧，為了幫助好友娶富家女波西亞為妻，向猶太商夏洛克，用高利貸方式借錢，言明無法償還之時割下自己一磅肉抵債。不料，安東尼奧商船遇險，夏洛克告上法庭，美麗富有的波西亞在千鈞一髮，喬扮法官出現，大呼：「等一下！」她嚴正指出，「借據上只寫了一磅肉，可沒說能拿一滴血」，夏洛克只得認輸敗訴，他無法割肉不流血。

莎士比亞用愛情喜劇，點出了律法真正精神，公正與慈愛，我們的天父為子女們的排難解紛，實是煞費苦心也。

37. 上帝的兩性觀

人世之間男男女女都希望得到上帝的祝福，上帝的祝福是有條件的，聽從誡命律例，福氣就會追著人跑，反之，上帝則會大大咒詛。

在洋洋六百一十三條律法之中，《聖經》記載，首先，男女不可變裝，婦女不可穿戴男子的服飾，男子也不可穿婦女的衣服。中國人說男女有別，正是如此。

摩西率領希伯來民眾，前往迦南，當地充滿了男女雜交，男扮女裝，女扮男裝，同性戀，在求子儀式之中，要求男女交換穿著對方服飾，這些都是耶和華所憎惡的。

迦南廟中有男妓女妓，上帝命令以色列中，不可有妓女孌童（供人玩弄的美少年），這二種行業所賺的錢，不許帶到神殿之中還願，換言之，禁止嫖妓。

十誡中的「不可姦淫」，包括婚前婚後守貞，這是上帝祝福婚姻的首要原則，亞當第一次見到夏娃之時，大聲讚美「這是我骨中之骨，肉中之肉。」夫妻合為一體。

然而，一如舊約之中雖然有奴隸制度（但是，維護奴隸基本人權），當時婚姻也容許一夫多妻，甚且「叔娶寡嫂」，這是有原因的。

在中國歷史上，多爾袞與大玉兒撲朔迷離的一段，乃是漢人最不以為然的叔嫂之戀，多爾袞是清太祖努爾哈赤十四子，乃清太宗皇太極的異母弟，多爾袞率清軍入關，由於皇太極猝死，六歲順治帝即位。順治之母大玉兒即孝莊皇后，沉著剛毅，子幼母壯，多爾袞成為攝政王，據說他們二人從關外到多爾袞三十九歲病死，一直不清不楚。因之多爾袞死後，順治帝奪其封號，並掘其墓，在乾隆年間才恢復之。

在《聖經．申命記》中記載一段「弟宜為兄立嗣」，意思是說，弟兄同居，若是一個死了，沒有留下兒子，兄弟得盡本分娶寡婦為妻，所生下長子，得歸在亡者名下，繼承屬於他的一份產業。這個前提是兄已死，上帝會顧念寡婦在曠野之中難以存活。

如果弟兄對於盡這本分沒有意願，嫂嫂就要告到城中長老那兒，長老就把那人召來，他若仍執意地說：「是的，我不願意娶她。」

嫂嫂便要當著長老的面，走到那人面前，脫了他的鞋子，吐唾沫在他臉上，並且說：「凡不為哥哥建立家室的，都要這樣待他。」在以色列之中，他且被稱為

「脫鞋之家」。

所謂脫鞋，就是拖鞋、涼鞋，在以色列中做為產業的象徵，如此當眾羞辱小叔，原因是中東世界，無子為恥辱，寡婦無依，若與小叔生子，接受婆家照顧，日後接受兒子奉養，才得存活。然而這一切，必須是清清楚楚，公開莊重。

以色列窮人多半赤腳走路，一般平民無論男女，都穿皮製涼鞋，鞋帶穿過腳大拇趾與第二趾中間，然後繞著後腳踝，脫鞋經常是交易完成的憑證。

談到脫鞋，讓人聯想到〈路得記〉，這是彰顯律法之美，敘述婆媳情深的動人故事。

婦人拿俄米，因為饑荒，隨同丈夫前往摩押定居，兩個兒子都娶了摩押女子為妻，不幸的是，家裡三個男人相繼而亡，拿俄米打發兩個媳婦回娘家，小媳婦路得心疼婆婆，堅決表示：「妳的神妳的國，就是我的神我的國，妳在哪裡死，我也在哪裡死。」

拿俄米只好帶著路得，回到猶太地伯利恆，路得撿取麥穗，回來奉養婆婆。

原來律法中規定，收割麥子之時，不可割盡田的四角，不可拾取掉在地上的；也不許回去拿忘在田中的禾綑，在米勒的世界名畫之中，我們可以看見拾穗之景。

路得愛婆婆拿俄米，拿俄米更是心疼善良的媳婦。她就是依著律法中「為兄立嗣」這一條，發現麥田主人波阿斯與自己丈夫有至親關係，巧計安排路得夜會波阿斯，並且明白告訴波阿斯，「求你用衣襟遮蓋我。」直率示愛。

中國人說男追女隔層山，女追男隔層紗，真是不錯的。波阿斯早已發現路得賢德，沒好意思表示，於是滿口應允，還送了六袋大麥給拿俄米，有如紅拂夜奔。

不過，因為另有一親屬比波阿斯的關係更近，波阿斯辦事慎重，找到那人，那人不想對路得盡責，搖搖手道：「你自己來吧。」於是脫下鞋，表示簽了字，放棄權利，讓給對方。

拿俄米成就了媳婦好姻緣，波阿斯、路得婚後美滿，生子俄備得，以後一直傳到耶穌父親約瑟。

上帝的律法是體恤細膩，照顧孤苦無依的弱女子，但也絕不允許藉此放縱情慾，因此除非兄弟亡故，否則男女仍然授受不親，必須顧及禮教。

新約《聖經》中的約翰，他是耶穌表哥，比耶穌還早傳道，且為耶穌施洗，當時希律王安提帕愛上兄弟腓力妻子希羅底，強奪為妻，類似多爾袞與大玉兒的一段情。

約翰就如中國古代忠臣一般，率直而言，「這不合上帝律法。」希律惱怒，將約翰下監，希律生日宴會中，希羅底的女兒跳舞助興，希律豪邁有賞：「要什麼，我就給什麼。」結果女兒為了母親要約翰人頭。約翰頭顱就為律法殉道。

上帝的兩性觀是平權的，到了新約時代，更進而一夫一妻，雙方守貞，有些提倡女權者主張，男子可以亂搞，女子也能胡來，違背了上帝的價值觀，絕對不能得到幸福。

38. 免費果園

時下有許多觀光果園，例如草莓盛季，讓遊客親手摘取，享受一日果農之樂，可以邊摘邊吃，吃不完的，稱斤論兩買回去開懷大吃。

上帝藉著摩西頒布的律法之中，在〈申命記〉中有類似的一條，不過並非招徠觀光客，促銷農產品，而是周濟窮人。

在以色列之中，上帝不允許杜甫名詩之中所謂「朱門酒肉臭，路有凍死骨」的諷刺畫面，因此窮人或旅客可以隨意進入鄰舍的葡萄園中，享受吃到飽之樂，不需忌諱瓜田李下，但是，切切不可裝入器皿之中，攜帶出了果園，這可就犯了十誡之中偷盜之罪。

上帝的目的是解決人之燃眉之急，以玉米葡萄充充飢，但是，不准許養成好吃懶做小偷之習。

同理，上帝允許人們進入禾稼，摘麥穗充飢，但是，禁止貪心地用鐮刀割取。

在新約《聖經》之中，記載耶穌的門徒，在安息日餓了，經過麥田，掐了麥穗，法利賽人驚奇地叫出來，「你們為什麼做了安息日不可做的事？」

法利賽人不是指責門徒偷竊，而是他們認為，搓麥穗也是一個動作，安息日不許做任何事。耶穌感慨法利賽人僵化外在表面，沒有體會上帝設置律法的美善。

律法既公義卻也慈愛，例如在〈申命記〉二十四章有一條，專門保護新婚夫妻。上帝規定，新婚男子不可從軍出征，也不可以託他辦什麼公事，這段期間長達一年，不僅度蜜月，還要度蜜年，為的是讓「所娶的妻快活」。

由此可見，上帝是何等體恤細膩，無微不至地照顧子民，另一方面也可見得上帝重視夫妻關係，強調家庭重要性。

然而，《聖經》中有一句話，真真實實記錄了人生：「人的眼目永遠不滿足。」淫目淫心淫行，隨時跑出來誘人入罪。上帝想了一個妙招，他對摩西說：「你去吩咐以色列人，叫他們世世代代在衣服邊上做繸子，又在繸子上釘一根藍色的細帶子，好讓人們一看見，就會遵行命令。」

新約時代，曾有婦女擠過來，觸摸耶穌衣裳繸子，因為她相信：「我摸了衣服就痊癒了。」果然，耶穌對她說了：「女兒妳的信救了妳。」婦人十二年的血漏就一下子好了。

一直到今天，信奉猶太教的正統猶太人，依然使用禱告披肩，稱之為（tallith），白天是外套，夜晚當蓋被，衣服四周繸子，不停在眼前晃動，每一根流蘇都提醒他們順服。

有人釘了六百一十三條繸子，表示每一條律法都順服，也有人釘了三百六十五條繸子，代表每一天順服。上帝是聖潔的，祂也要求百姓與一般人有所分別成為聖潔，在食物上也有區分。

地上野獸可吃的，必須「蹄分兩瓣，倒嚼反芻」，牛羊皆是，豬不倒嚼，兔不分蹄，都不可吃。《聖經》中還提到沙番，這是巴勒斯坦敘利亞一帶的岩狸，或稱為石獾，行走在曠野岩石中的哺乳類，同樣不分蹄，不可食。

至於駱駝，表面上看駱駝是二趾，似乎分蹄，但是二趾底部是整個一塊，如同鞋底，因之，也是不潔淨。

其次，在水裡可吃的，條件是有翅有鱗，依照這個標準，所有的貝類，以及如蛇一般的魚，黃鱔、鰻魚，中國人心目中的美味，都是不可吃的，螃蟹更是不潔。

天上的飛禽類，凡是肉食猛獸，例如鷹、烏鴉都不可食，蝙蝠也不可吃，一般雀鳥則可食，凡有翅膀四足爬行的，不潔，但是有腳有腿，在地上活蹦亂跳的可食，例如蝗蟲、蚱蜢。

在新約《聖經》之中，約翰就是食用蝗蟲野蜜，中東一帶至今仍將蝗蟲投入滾水，去頭翅，撈出沾鹽食用，或烘烤晾曬貯存，當作點心。

一切可食不可食的食物，凡是死了，全成不潔，不可食，也不可摸，落入水中，水也成不潔。有的學者認為，這是因為死屍帶毒。一如豬肉易染毛線蟲，無翅無鱗的魚出沒污泥，沾染病毒，上帝必然有其道理，《聖經》沒有記載解釋。

可以確定的是，上帝要用飲食規範猶太人，區別其他民族，不過到了新約，訓練期滿，因此，凡神所造的都可入口。

耶穌是上帝之子，帶來革命訊息，他說，凡是吃進去的，不都是運到肚子裡，又落在廁所裡嗎？唯獨從口而出的，自心中發出的惡念、兇殺等等，這才污穢人，他把食物都解套了。

但是，有一樣則是舊約新約，一樣不贊成食用的，那就是血。肉帶著血，血是生命，不可食用。沒有放過血的肉是動物「屍體」不可食用，但放過血是肉品，可食。

在醫院裡，抽血是重要的檢驗，癌指數、發炎程度、血糖高下，都可以經由驗血得知，由此觀之，一個健康的人，吃入不健康的血，難保不生病。

很有意思的是，《聖經》中不許吃血，可是耶穌被賣的那一夜，拿起酒杯說，「這是用我的血立的新約，你們每逢喝的時候，要紀念我。」他還說，「我的血真是可以吃的。」

耶穌甘願被釘在十字架上，流出鮮血，洗淨世人的罪，人們如果認識耶穌，認罪，悔改，在每月主日喝葡萄酒，與耶穌生命結合，就可死後上天堂，得到新的身體永恆生命。

可惜，免費果園的福利，大家都懂。免費得到最美恩典的福氣，卻只有少數人心領神會。

39. 人可以不死

「人生百年，不免一死」，這是人生最大的遺憾。

基督教宣揚「信上帝，得永生」，我們看見基督徒照樣死亡，蒙主寵召，安息主懷。

然而所謂「得永生」意思是，死後通過耶穌審判者，上帝賜給不壞的新身體，不再有死亡，不再有悲哀、哭號、疼痛。那才稱得上天堂。

不過，天國是要努力進入的，不是高喊主啊主啊，就能順利進入的廉價場所。最有意思的是，在上帝造人之初，人可以吃生命樹的果子，原是可以不死的。

後來，亞當夏娃吃了分別善惡樹的果子犯了罪，被趕出伊甸園。

為什麼不可以吃分別善惡樹的果子？難道上帝要人人當呆瓜嗎？非也，上帝有上帝一套價值體系，人吃了分別善惡樹的果子，各人多元標準，自以為神，從此天下大亂。

上帝揀選了以色列人，成為選民，從頭調教，頒布十誡與律法，讓他們明白了解神的規範，不只是朗讀背誦，且要在日常生活中實踐。

人是神造的，神豈不知人有了原罪之後，加上撒但不斷在旁邊試探，豈有不想犯罪的，因此，上帝又訂了一套辦法，讓人們有贖罪的機會。

孔子不愧是至聖先師，他曾說「獲罪於天，無所禱也。」意思是得罪了天，得罪了上帝，沒法挽回，《聖經》中的〈利未記〉，剛好解答了孔子的問題。

上帝告訴摩西，一個人若自己知道犯罪了，做了耶和華神不喜悅的事，如果是祭司，全會眾就要獻一隻公牛犢，官長就獻一隻公山羊，一般民眾則獻一隻母山羊。是為贖罪祭。

獻祭的牛羊必須是沒有任何殘疾的，上好的牲畜。

獻祭者自己牽著牲畜，來到祭壇之前，認錯懺悔，這個錯誤必須是誤犯，而不是明知故犯。

以今天的例子而言，油商分明賣的是人不可吃的假油，故意拍著胸脯誇耀「食油是良心事業」。這是明知故犯，但是下游的食品廠商則是誤犯。

因為軟弱誤導下犯了罪的人，眼睛望著祭物，把雙手按在牛頭或羊頭上，表示著與其聯合，這會兒，罪都歸在祭牲身上，罪離開自己了。

接著，拿起刀，一刀割破牛羊喉嚨，想像自己就是那牛羊，鮮血汨汨，慘不忍睹，並且親手割下皮，承認罪的代價就是死亡。

這個時候，祭司扮演中間人的角色，用盤子接近來祭牲的血，替獻祭者把血帶到祭壇那兒，倒入祭壇的腳，脂油在壇上燒掉，皮肉其他部分，搬到堂外用火燒掉。

上帝並不要吃肉喝酒，神要一顆認罪的心，「耶和華豈喜悅千千的公羊，或是萬萬的油河嗎？世人啊，耶和華已指示你何為善，祂向你所要的是什麼呢？只要你行公義好憐憫，存謙卑的心，與你的神同行。」

除了贖罪祭，還有燔祭，大同小異，都要接手在牲畜，通常是羊身上，意思是認同，如同羊一般完完全全奉獻。

軍人為國家，父母為子女都是奉獻，奉獻給神的意思是，將神給的才力或財力完全獻給人類，如同「馬偕」創辦人馬偕所謂的「寧可燒盡不可鏽壞」。

孔子所謂的「爾愛其羊我愛其禮」，指的是魯君徒留祭禮之表面，子貢建議乾脆廢了，疼惜羊的可憐，孔子認為禮不可廢，羊不可省，或許有一天，魯君能明白祭禮重要。

然而中國的祭三牲，並沒有羊為人頂罪，或認同羊之奉獻，純粹僅是感恩祈禱。

舊約中的律法有六百一十三條，加上十誡，只要一條沒有遵守，就算犯了罪，加上人心險惡，處處詭詐，無論用多少牛羊牲畜、班鳩、雛鴿，都抵不了人的罪，上帝要求子民「聖潔」談何容易。

上帝就是上帝，祂老早設定第二套方案，在新約《聖經》之中，耶穌登場，耶穌是上帝之子，在創造世界之前已經存在，上帝讓耶穌生在木匠約瑟家中，母親瑪利亞處女生子。

耶穌親身示範，一個沒有罪的人生該如何過，祂傳福音、行神蹟，最後，祂演出那一隻羊，讓人們把罪過丟在祂的頭上，讓祂去死，死在十字架上。

耶穌是燔祭，完全獻上自己，耶穌是贖罪祭，成為代罪羔羊，耶穌是平安祭，帶給世人平安。

上帝讓世人有一段懺悔時光，藉耶穌認罪，受洗，重生，牧師把手按在信徒頭上，表示與上帝與耶穌聯合，也表示神的生命與人的生命相聯合。

耶穌死後三天復活，有人嚇倒，以為是鬼，門徒卻發現老師回來了，耶穌還讓他們摸一摸肋下傷痕，並且為他們準備早餐。

當耶穌升天之後，門徒這才相信耶穌過去所說的話，回憶一點一滴，也相信耶穌在天國為他們安排住處。

十一個門徒發現，藉著耶穌這隻神羔羊，他們去除了罪，懷著報恩的心，開始傳福音，一點也不怕，以後一一殉道，也就永遠活在天上了，因為，僅此一生，很快過去，只有為基督所做永遠長存。

人生充滿不公平，但是，上帝是公平的，祂的生命冊，如同免死金牌。每一個困難，每一種誘惑，每一道關卡，都是前往天國的高欄低欄，上帝張開雙手，等著每一位回天家的孩子。

40. 前進中的殿宇

公平？這個世界真有公平嗎？

天平？加上一個「天」字讓人肅然起敬。

一句「天可憐我」，其中已含多少委屈、困難、不為人知、無法啟口的千迴百折。戲劇中往往一開唱就是：「老天爺啊！可憐我。」唱的人字字泣訴，聽的人心中跟著抽痛。

很少有人會呼天搶地，「是我錯了，是我不該行詭詐，是我放任自己……」即使是殺人放火，背後也有一連串的被逼迫的苦情，只有上天明白他的不得已。

《聖經》中說，人看見對方眼睛中的刺，看不到自己眼中的樑木，人都是自以為是，自以為正。

上帝訓練以色列人，學習用律法光照自己，不管別人，若有人犯了耶和華所吩咐不可行的，例如欺壓鄰舍，或是路上撿了東西，塞入自己口袋……人家沒發現，自己知罪，乖乖牽一隻羊來，獻上為祭物。

許多人讀《聖經》〈利未記〉、〈民數記〉……看到一大堆燔祭、素祭、平安祭、贖罪祭就頭痛，認為這都是過去歷史，而且希伯來人現在也不會牽一隻羊到會堂，血淋淋宰了，其實這一切都是新生訓練的過程，就像孩子必須重複學習才上手。

祭壇最重要的意思是二，一是認罪，一遍一遍溫習把神的律法，實行於生活，無論牛羊都是昂貴家產，節儉的猶太人平日不能吃的，只能用在獻祭，也藉著心疼損失，表達一己懺悔。成為聖潔，合乎主用，把自己生命獻給神及人類使用。

我們常把祭壇誤以為「一頓美食」，中國人用食物表達熱情，對家人、朋友是如此，犒賞自己是如此，將心比心，對逝去親友，對鬼神，一律採取好好吃一頓，自己也順便打牙祭解饞。

然而上帝耶和華完全不貪食，祂不吃、不住、不打盹、不睡覺，祂要人們用心靈誠實敬拜祂，祂要的是「一顆憂傷痛悔的心」。

向神認錯，何等大事，不可輕乎。在金牛犢事件之後，百姓懺悔，上帝也答應與他們同去。上帝是靈，是無所不在，從來沒有離開，但是，人總要看到具體才安心，於是，上帝答應做他們社區的鄰居。

希伯來群眾高興極了，忙著獻上各種工料，個個慷慨奉獻，直到摩西喊停「夠了！」又有比撒列、亞何利亞何等聰明工程師，自願帶領一批巧工，開始為上帝，照著摩西吩咐建立神殿。舊約之中凡聖殿、居所、帳幕、聖所、會幕都是指同樣的一回事，目標的形式尺寸，神也藉此傳授建築才能，審美觀念，數學科學精神。

會幕分為外院（一般百姓可以進入）聖所與至聖所（祭司才可進入），我們先談外院。外院長方形，南面、北面長一百肘（約一百五十尺，四十六米），東面、西面寬五十肘（七十五尺，二十三米），四周圍欄，共有六十根圓柱，每根柱子高與肘齊，由繩子固定，以銅釘穩住，四周帷幔以堅牢麻布製成，類似今日的帆布，入口則以藍色、紫色、朱紅色絲與極細麻製成門簾。

進入會幕院子，首先看到一個大大的、鋼製的燔祭壇，長寬高各五肘，外包銅片，四圍設銅網，在半腰成一槽，使得祭物的血流入，底部有土，可吸血液，祭壇四角，設三角形外凸角，象徵祭牲，也讓人們可抓住角，向神哭求。

祭壇還需用的盛血盤、鏟子、香爐、內插、全用銅製成，壇中的火常燃，不容熄滅。

從摩西開始，不知有多少牛牛羊羊在祭壇宰殺，人們不斷認罪，又不停犯罪。

沒有人可以靠著自己力量，遵守六一三條律法，完全達到神的標準與要求，後來猶太人又自己多設許多規矩，自己也視之為新律法，代代相沿，變成人們沉重負擔。

上帝展開祂預定的第二計畫，祂派了耶穌來，讓祂代替羊，為世人頂罪。

過去宣教的基督徒，時常穿著白袍，後面寫著「我是個罪人」。許多人一見便反感，本來沒事，信了上帝，反成罪人。一點不錯，人信了耶穌，接受教誨，才一點一滴發現，自己過去做錯了許多事，不合上帝的標準，內心羞慚，承認犯了罪，想要尋求原諒。

我們生在後，耶穌死在前，如何幫大家赦罪？因為耶穌死而復活，如今在天父旁邊為我們代求說情禱告，耶穌成為聖殿住在人心中，人也在聖殿之中，隨時架起祭壇，隨時懺悔，不需再拆卸搬運。

祭壇中的羊是被迫，不由自主，耶穌卻是心甘情願成為代罪羔羊。

根據羅馬法律，犯人上十字架，比真正的羊還要可怕，無論燔祭、贖罪祭都是先封喉，宰了牛羊，犯人卻得先剝光衣服（這是何等羞恥），毒鞭拷打，遍體鱗傷，釘上十字架。

耶穌背起十字架，來到一個名叫髑髏地的地方，就是各各他，他們給祂喝調上沒藥的酒，讓祂減少痛苦，祂拒絕了，因為祂要為世人嚐完全的痛苦。祂的鮮血足足流了三個小時，大叫一聲，斷了氣。

過了三天，耶穌復活，表示信祂的人也可以復活，耶穌希望，信祂的人，彷彿胸中有祂同在的殿宇，走到哪兒，光照在哪兒，在黑暗傷心的人世間，亮起一盞明燈，一步一步走向上帝的殿宇，成為永恆。

這一次，吳姐姐不講中國歷史，
帶你探索世界人類的源頭！

吳姐姐講聖經故事
Ⅰ創世記

《聖經》可以說是現代西方文明的源頭，想要真正了解西方歷史，就不能不了解《聖經》。因此，吳姐姐秉持她寫中國歷史故事時一貫的嚴謹態度，用活潑生動的文筆將《聖經》中有趣的故事一一呈現出來！

從上帝七天創造世界的神奇、亞當夏娃被逐出伊甸園的曲折、挪亞方舟的驚異奇航、索多瑪城毀滅的驚心動魄，到人類史上的第一件謀殺案、九十歲超級美女的魅力、以阿世仇其實源自兩個女人的戰爭……每一篇故事都宛如看電影般引人入勝！

透過吳姐姐的巧筆，歷史不再是遙遠陌生的事件，我們在這些故事裡看到了人性中的欲望、嫉妒、猜忌、背叛，但也看到了人性中的良善美好，以及堅持與信念，而這些都使得幾千年前的《聖經》如今讀來依然具有超越時空、恆久不變的價值！

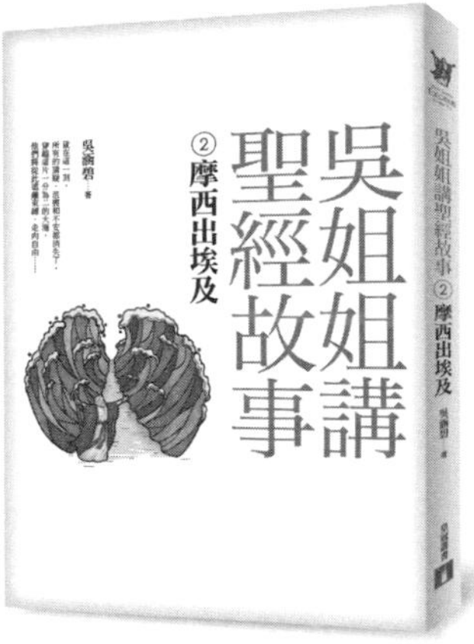

人人心中都有一個埃及，這是考驗！
人人心中都有一個摩西，那是希望！

吳姐姐講聖經故事
②摩西出埃及

第一個四十年，他是被敵人收養，成長於溫室的「埃及王子」摩西。第二個四十年，他卻淪為殺人通緝犯，逃亡到曠野，成了「牧羊人」摩西。直到第三個四十年，他才豁然明白，原來不論過去經歷了多少榮華富貴、孤獨沉潛，全都是為了這最重要的一刻在做準備……

不管是否讀過《聖經》，大家應該都聽過「摩西分紅海」的故事。而在歷史上，摩西也的確率領了二百五十萬希伯來人擺脫奴役，遠離困住他們長達四百年之久的埃及。
從埃及王子變成流浪牧羊人，再挺身成為希伯來領袖，摩西的一生充滿了戲劇性，然而，始終不變的是他的毅力和勇氣，以及即使在絕境也不放棄的信心。《聖經》不只是宗教故事，更是「人」的故事，無論何時何地，我們都可在其中找到撫慰的力量，而摩西出埃及，不只帶著希伯來人走出了未來，也幫助我們認清了心靈的方向！

國家圖書館出版品預行編目資料

吳姐姐講聖經故事——③摩西與十誡 / 吳涵碧著.
--初版.--臺北市：皇冠文化. 2015. 05
面 ;公分（皇冠叢書；第4471種）

ISBN (平裝) 978-957-33-3152-0

1.外國歷史 2.聖經故事

241.2121 104005102

皇冠叢書第4471種
吳姐姐講聖經故事
③摩西與十誡
作　　者—吳涵碧
發 行 人—平雲
出版發行—皇冠文化出版有限公司
台北市敦化北路 120 巷 50 號
電話◎02-27168888
郵撥帳號◎15261516號
皇冠出版社（香港）有限公司
香港銅鑼灣道 180 號百樂商業中心
19 字樓 1903 室
電話◎ 2529-1778　傳真◎ 2527-0904
責任主編—盧春旭
責任編輯—平靜
美術設計—王瓊瑤
著作完成日期—2015年1月
初版一刷日期—2015年5月
初版二刷日期—2021年3月
法律顧問—王惠光律師
有著作權・翻印必究
如有破損或裝訂錯誤，請寄回本社更換
讀者服務傳真專線◎02-27150507
電腦編號◎ 350103
ISBN◎978-957-33-3152-0
Printed in Taiwan
本書定價◎新台幣250元/港幣83元

• 皇冠讀樂網：www.crown.com.tw
• 皇冠Facebook：www. facebook.com/crownbook
• 皇冠Instagram：www.instagram.com/crownbook1954/
• 小王子的編輯夢：crownbook.pixnet.net/blog